少年早知道
四色绘画本

李诚 主编

例说歇后语

张涵 编写

四川出版集团
巴蜀书社

序

歇后语是一种非常特殊而又幽默风趣、生动活泼的语言形式，无论是口头表达还是写文章，适当地、正确地使用一些歇后语，可以使语言生动，增强感染力。

歇后语由两个部分组成。前半部分像谜面，后半部分像谜底；前面部分是因，后面部分是果，文字不多，有时却蕴含着深刻的道理。所以歇后语又不单是语言形式，其中又包含了许多睿智、许多哲理、许多人生的经验、许多做人的道理，深受人们喜爱。

《例说歇后语》为使青少年读者无障碍的学习掌握歇后语，丰富并提升语言表达能力，用注音、释义、典故、绘画等形式向青少年读者通俗易懂地介绍这种大众喜闻乐见的语言表达形式，使青少年读者的语言表达更为简洁生动、幽默风趣、准确深刻。

目 录

ān chún yào chī hóng yīng táo xiǎng de hǎo chī bù zháo
鹌鹑要吃红樱桃——想得好，吃不着

shì yì bǐ yù shì qing xiǎng de hěn róng yì dàn shì què méi yǒu néng lì zuò dào
【释义】比喻事情想得很容易，但是却没有能力做到。

lì shuō zài yīn yuè fāng miàn shén me dōu bù jīng tōng de xiǎo hóng xiǎng zài zhè cì yīn yuè bǐ sài shang huò dé míng cì zuì hòu hái shi yīn wèi méi yǒu shí lì ér bèi táo tài zhè jiù jiào ān chún yào chī hóng yīng táo xiǎng de hǎo chī bù zháo
【例说】在音乐方面什么都不精通的小红想在这次音乐比赛上获得名次，最后还是因为没有实力而被淘汰，这就叫“鹌鹑要吃红樱桃——想得好，吃不着”。

àn fāng zhuā yào zhào bàn
按方抓药——照办

shì yì bǐ yù shì qing dōu huì àn fēn fù de zhào bàn
【释义】比喻事情都会按吩咐的照办。

lì shuō lǎo shī fēn fù de rèn wu
【例说】老师吩咐的任务，

jiù shì yào àn fāng zhuā yào zhào bàn
就是要“按方抓药——照办”。

àn shang kàn rén nì shuǐ jiàn sǐ bú jiù
岸上看人溺水——见死不救

shì yì jiàn rén yǒu jí nàn ér bú jiù zhù
【释义】见人有急难而不救助。

lì shuō kàn jian bié ren yǒu kùn nan bù néng àn shang kàn rén nì shuǐ jiàn sǐ bú jiù
【例说】看见别人有困难，不能“岸上看人溺水——见死不救”。

àn wū li chuānzhēn nán guò
暗屋里穿针——难过

shì yì zhǐ yì zhǒng dī luò de xīn qíng yě bǐ yù mǒu jiàn shì qing bù róng yì chéng gōng
【释义】指一种低落的心情，也比喻某件事情不容易成功。

lì shuō zhè cì kǎo shì de tí mù tài nán kǒng pà shì àn wū li chuān zhēn nán guò
【例说】这次考试的题目太难，恐怕是“暗屋里穿针——难过”。

àn zhe niú tóu hē shuǐ miǎnqiǎng bu de
按着牛头喝水——勉强不得

shì yì bǐ yù ràng tā rén zuò bú yuàn yì zuò de shì qing
【释义】比喻让他人做不愿意做的事情。

lì shuō xiǎo míng fēi yào xiǎo máo qù zuò bú huì de shì qing
【例说】小明非要小毛去做不会的事情，

bié ren dōu gào su xiǎo míng bú yào àn zhe niú tóu hē shuǐ miǎn
别人都告诉小明，不要“按着牛头喝水——勉
qiǎng bu de
强不得”。

bā bèi zi de lǎo chénzhàng shuō bù qīng
八辈子的老陈账——说不清

shì yì yǐ jīng guò qù hěn jiǔ de shì qing hěn nán shuō de qīng
【释义】已经过去很久的事情很难说得清
chu yě bǐ yù shì qing hěn fù zá
楚。也比喻事情很复杂。

lì shuō lǎo wáng hé lǎo lǐ de máo dùn jiù xiàng bā bèi zi
【例说】老王和老李的矛盾就像“八辈子
de lǎo chénzhàng shuō bù qīng
的老陈账——说不清”。

bā xiān guò hǎi gè xiǎn shéntōng
八仙过海——各显神通

shì yì zuò tóng yí jiàn shì bù tóng
【释义】做同一件事，不同
de rén yòng bù tóng de fāng fǎ
的人用不同的方法。

lì shuō zài ào yùn huì de sài chǎng
【例说】在奥运会的赛场

shang měi gè yùn dòng yuán dōu bā xiān guò hǎi gè xiǎn shén tōng
上，每个运动员都“八仙过海——各显神通”，
fā huī zhe zì jǐ de běn shi
发挥着自己的本事。

典故

bā xiān guò hǎi
八仙过海

xiāngchuán péng lái xiān dǎo shang de mǔ dan
相传，蓬莱仙岛上的牡丹
shèng kāi shí bā
盛开时，“八
xiān qián wǎng guān
仙”前往观
shǎng zài fǎn
赏。在返
huí tú zhōng
回途中，
zhèng yù shang tāo
正遇上滔
tāo dōng hǎi
滔东海。
lǚ dòng
吕洞
bīn shuō zán
宾说：“咱
men bā xiān dōu
们‘八仙’都
gè yǒu běn lǐng jīn tiān
各有本领，今天

bù rú bǐ shi yí xià
不如比试一下！”

yú shì bā xiān jiù bǎ gè
于是“八仙”就把各
zì de fǎ bǎo ná le chū lái kāi shǐ
自的法宝拿了出来，开始
bǐ sài dì yī gè guò hǎi
比赛。第一个过海
de tiě guǎi lǐ bǎ bǎo hú
的铁拐李，把宝葫
lu pāo rù hǎi zhōng yòng shǒu zhōng de guǎi zhàng zuò jiǎng dào dá le duì àn
芦抛入海中，用手中的拐杖做桨，到达了对岸；
hàn zhōng lí zuò zhe dà bā jiāo shàn dù guò dōng hǎi hé xiān gū zé zhù
汉钟离坐着大芭蕉扇，渡过东海；何仙姑则伫
lì zài hé huā zhī shàng suí bō piāo liú dào le duì àn
立在荷花之上，随波漂流到了对岸。

jiē zhe lǚ dòng bīn hán xiāng zǐ cáo guó jiù zhāng guǒ lǎo
接着，吕洞宾、韩湘子、曹国舅、张果老、
lán cǎi hé yě dōu yòng zì jǐ de fǎ bǎo zuò chuán dù guò le dōng hǎi
蓝采和也都用自己的法宝做船，渡过了东海。

bā le qiáng de miào huāng le shén
扒了墙的庙——慌了神

shì yì zhǐ shén qì hé miàn sè jǐn zhāng jīng huāng shī qù cháng
【释义】指神气和面色紧张惊慌，失去常
tài
态。

lì shuō xiǎo míng chuǎng le huò kàn dào lǎo shī hòu lì kè xiàng
【例说】小明闯了祸，看到老师后立刻像
bā le qiáng de miào huāng le shén diào tóu jiù pǎo
“扒了墙的庙——慌了神”，掉头就跑。

bàn shēn tǎng zài guān cai li děng sǐ
半身躺在棺材里——等死

shì yì bǐ yù duì shì qing bú zuò rèn hé nǔ lì zhǐ huì
【释义】比喻对事情不做任何努力，只会
shī bài
失败。

lì shuō xué xí chéng jì běn shēn jiù bù hǎo zài bù nǔ lì
【例说】学习成绩本身就不好，再不努力，
zhǐ néng shì bàn shēn tǎng zài guān cai li děng sǐ
只能是“半身躺在棺材里——等死”。

bàn yè li qiāo mén xīn bù jīng bú zuò kuī xīn shì
半夜里敲门心不惊——不做亏心事

shì yì bǐ yù zhǐ yào bú zuò duì bu qǐ bié ren huò xiàn hài
【释义】比喻只要不做对不起别人或陷害
bié ren de shì jiù bú pà rèn hé rén lái zhǎo má fan
别人的事，就不怕任何人来找麻烦。

lì shuō dà jiā dōu kuā zàn wáng dà niáng shì gè hǎo rén cóng
【例说】大家都夸赞王大娘是个好人，从
lái dōu bàn yè li qiāo mén xīn bù jīng bú zuò kuī xīn shì
来都“半夜里敲门心不惊——不做亏心事”。

báo pí qì qiú bù gōng zì pò
薄皮气球——不攻自破

shì yì bù xū yào gōng jī
【释义】不需要攻击，
zì jǐ jiù huì pò miè tōng cháng xíng róng lùn diǎn
自己就会破灭。通常形容论点
zhàn bú zhù jiǎo jīn bu qǐ fǎn bó huò gōng jī
站不住脚，禁不起反驳或攻击。

lì shuō　shuōhuǎng jiù xiàng　báo pí qì qiú　bù gōng zì pò
【例说】说谎就像“薄皮气球——不攻自破”。

bàn jīn duì bā liǎng　liǎng gè chà bu duō
半斤对八两——两个差不多

shì yì　bǐ yù bǐ cǐ de néng lì dōu bù xiāngshàng xià
【释义】比喻彼此的能力都不相上下。

lì shuō　tā men liǎng gè de běn shi dōu bù xiāngshàng xià　zhēn
【例说】他们两个的本事都不相上下，真
shi　bàn jīn duì bā liǎng　liǎng gè chà bu duō
是“半斤对八两——两个差不多”。

典故

bàn jīn duì bā liǎng
半斤对八两

chuán shuō yǒu gè zǎi xiàng de sūn zi　yóu shǒu hào xián　hào chī lǎn
传说有个宰相的孙子，游手好闲，好吃懒
zuò　bǎ zǔ yè dōu bài guāng le　lián fàn yě chī bú shàng　cháng cháng xiàng
做，把祖业都败光了，连饭也吃不上，常常向
rén jiè mǐ dù jī　yǒu yí cì　tā jiè dào yí dài mǐ huí lai　bàn
人借米度饥。有一次，他借到一袋米回来，半
lù shang bēi bú dòng le　zhǐ hǎo zài lù
路上背不动了，只好在路
biān xiē zhe　zhè shí hou　yíng miàn zǒu
边歇着。这时候，迎面走
lai yí gè rén　chuān zhe pò làn de yī
来一个人，穿着破烂的衣
fu　tā jiào zhù nà rén　jiǎng hǎo gōng
服。他叫住那人，讲好工

qián ràng tā bāng máng bēi mǐ kě shì méi
钱，让他帮忙背米。可是，没
zǒu duō yuǎn nà rén yě zǒu bú dòng le tā
走多远那人也走不动了。他
biàn mán yuàn de shuō wǒ shì zǎi xiàng
便埋怨地说：“我是宰相
de sūn zi shǒu bù néng tí jiān bù
的孙子，手不能提，肩不
néng tiāo zhè hái qíng yǒu kě yuán kě
能挑，这还情有可原。可
nǐ yí gè qióng rén zěn me yě bù zhōng
你一个穷人，怎么也不中
yòng méi xiǎng dào nà rén què shuō nǐ zěn me néng guài wǒ zán
用？”没想到，那人却说：“你怎么能怪我？咱
liǎ bàn jīn duì bā liǎng wǒ hái shi shàng shū de sūn zi ne
俩半斤对八两——我还是尚书的孙子呢！”

chèng tuó diào jin dà hǎi li yǎo wú yīn xìn
秤砣掉进大海里——杳无音信

shì yì bǎ mǒu jiàn wù pǐn huò mǒu jiàn shì qing jiāo fù tā rén
【释义】把某件物品或某件事情交付他人
qù bàn qù bàn shì de rén què méi yǒu yì diǎn xiāo xi yě bǐ yù
去办，去办事的人却没有一点消息。也比喻
chéng nuò guo de shì guò hòu bié ren hái diàn jì zhe dàn chéng nuò de rén
承诺过的事，过后别人还惦记着，但承诺的人
què bú zài tí jí
却不再提及。

lì shuō xiǎo lín jiè le xiǎo míng de chéng nuò shuō xià xīng
【例说】小琳借了小明的CD，承诺说下星
qī huì huán dàn yí gè yuè guò qu le jiè gěi xiǎo lín de jiù rú
期会还，但一个月过去了，借给小琳的CD就如
chèng tuó diào jin dà hǎi li yǎo wú yīn xìn
“秤砣掉进大海里——杳无音信”。

bào zhe yuán bǎo tiào jǐng shě mìng bù shě cái
抱着元宝跳井——舍命不舍财

shì yì xíng róng mǒu xiē rén shì cái rú mìng fēi cháng lìn sè
【释义】形容某些人视财如命，非常吝啬，
jìng rán dào le yào qián bú yào mìng de dì bù
竟然到了要钱不要命的地步。

lì shuō dì zhǔ zhōu bā pí jiù shì nà zhǒng bào zhe yuán bǎo
【例说】地主周扒皮就是那种“抱着元宝
tiào jǐng shě mìng bù shě cái de rén
跳井——舍命不舍财”的人。

bàn lù shang shā chu gè chéng yǎo jīn chū le chà
半路上杀出个程咬金——出了岔

shì yì bǐ yù tū rán chū xiàn le yì xiǎng bú dào de rén
【释义】比喻突然出现了意想不到的人，
shǐ de shì qing jìn xíng bú shùn lì huò chū chā cuò
使得事情进行不顺利或出差错。

lì shuō xiǎo lì de zhè cì bǐ sài běn lái shí ná jiǔ wěn
【例说】小丽的这次比赛本来十拿九稳，
bù xiǎng bàn lù shang shā chu gè chéng yǎo jīn chū le chà
不想“半路上杀出个程咬金——出了岔”。

bàn lù shā chu chéng yǎo jīn
半路杀出程咬金

chéng yǎo jīn shì yí gè jiā yù hù xiǎo de xiǎo shuō rén wù
程咬金，是一个家喻户晓的小说人物。

tā yuán míng chéng jīn hòu chēngchéng zhī jié shì suí mò táng chū de rén
他原名程金，后称程知节，是隋末唐初的人，
zài suí táng yǎn yì zhōng tā shì yì yuán fú jiàng yòng yí duì bǎn fǔ
在《隋唐演义》中，他是一员福将，用一对板斧
wéi wǔ qì wǔ yì bú tài hǎo dàn yùn qi què hǎo dǎ zhàng shí
为武器，武艺不太好，但运气却好。打仗时，
yù dào bù qiáng de duì shǒu sān bǎn fǔ yǐ jīng zòu xiào yù dào qiáng de
遇到不强的对手，三板斧已经奏效，遇到强的
duì shǒu shuǎ wán sān shí liù dào bǎn fǔ réng wú fǎ qǔ shèng biàn pāi
对手，耍完三十六道板斧，仍无法取胜，便拍
mǎ táo qu jù zǎi qīng zhōu tài shǒu wèi bā jie suí yáng dì dào chù
马逃去。据载，青州太守为巴结隋炀帝，到处
sōu guā jīn yín xiàn yú cháo tíng zhōng tú wèi fáng zhǐ bèi qiǎng jié pài
搜刮金银，献于朝廷，中途为防止被抢劫，派
le jiàng guān kān shǒu bú liào què bèi chéng yǎo jīn zhōng tú qiǎng qu suǒ yǐ
了将官看守，不料却被程咬金中途抢去，所以
jiù yǒu le zhè jù xiē hòu yǔ
就有了这句歇后语。

bǎo xiǎn guì guà dà suǒ
保险柜挂大锁

wàn wú yì shī
——万无一失

shì yì gěi
【释义】给
běn lái jiù ān quán de
本来就安全的
dōng xi zài jiā yí dào
东西再加一道
fáng hù bǐ yù duì shì
防护，比喻对事

qing fēi cháng yǒu bǎ wò bú huì chū chā cuò
情非常有把握，不会出差错。

lì shuō zhè cì kǎo shì xiǎo lín zuò le zuì quán miàn de fù xí
【例说】这次考试小林做了最全面的复习，
tā shuō zhè cì kǎo shì jiù xiàng bǎo xiǎn guì guà dà suǒ wàn wú yì shī
他说这次考试就像“保险柜挂大锁——万无一失”。

bào zài huái li de xī guā shí ná jiǔ wěn
抱在怀里的西瓜——十拿九稳

shì yì bǐ yù duì yí jiàn shì qing hěn yǒu bǎ wò
【释义】比喻对一件事情很有把握。

lì shuō xiǎo hóng de shù xué hěn hǎo mā ma wèn xiǎo hóng néng
【例说】小红的数学很好，妈妈问小红能
ná dì yī ma xiǎo hóng shuō zhè cì kǎo shì jiù xiàng bào zài huái li
拿第一吗？小红说，这次考试就像“抱在怀里
de xī guā shí ná jiǔ wěn
的西瓜——十拿九稳”。

bái hè zhàn zài jī qún li xiǎn yǎn
白鹤站在鸡群里——显眼

shì yì xíng róng mǒu gè rén fēi cháng
【释义】形容某个人非常
yǐn rén zhù mù
引人注目。

lì shuō xiǎo lín zhǎng de hěn piào liang kǒu cái
【例说】小琳长得很漂亮，口才
yòu hǎo zhàn zài rén qún li jiù shì bái hè zhàn zài
又好，站在人群里就是“白鹤站在
jī qún li xiǎn yǎn
鸡群里——显眼”。

bái rì zuò mèng chī xīn wàngxiǎng
白日做梦——痴心妄想

shì yì bǐ yù bú qiè shí jì yì xīn xiǎng zhe gēn běn wú
【释义】比喻不切实际，一心想着根本无
fǎ shí xiàn de shì qing
法实现的事情。

lì shuō nǐ zài bù nǔ lì xué xí xiǎng dāngshàng kē xué jiā
【例说】你再不努力学习，想当上科学家
jiǎn zhí shì bái rì zuò mèng chī xīn wàngxiǎng
简直是“白日做梦——痴心妄想”。

bí liángshang jià wàng yuǎn jìng yǎn guāng kàn de yuǎn
鼻梁上架望远镜——眼光看得远

shì yì bù guāng zhǐ kàn dào xiàn zài hái néng kàn dào wèi lái
【释义】不光只看到现在，还能看到未来。
bǐ yù yí gè rén de guān chá néng lì hé guān diǎn hěn chángyuǎn
比喻一个人的观察能力和观点很长远。

lì shuō tā wèi le zǐ nǚ shàng xué xī shēng le hěn duō tā
【例说】他为了子女上学牺牲了很多，他
shì bí liáng shang jià wàng yuǎn jìng yǎn guāng kàn de yuǎn zhī dào
是“鼻梁上架望远镜——眼光看得远”，知道
zhè yàng shì zhí de de
这样是值得的。

bāo gōngshěn àn tiě miàn wú sī
包公审案——铁面无私

shì yì zhè lǐ zhǐ zhí fǎ rén yuán bàn àn gōngzhèng yě kě
【释义】这里指执法人员办案公正，也可
xíng róng yí gè rén wéi rén zhèng zhí
形容一个人为人正直。

lì shuō wáng fǎ guān bàn àn jiù xiàng bāo gōng shěn àn

【例说】王法官办案就像“包公审案——

tiě miàn wú sī

铁面无私”。

典故

bāo gōng shěn àn

包公审案

bāo gōng jí bāo zhěng céng rèn kāi fēng fǔ zhī fǔ yǐ zhí fǎ yán

包公即包拯，曾任开封府知府，以执法严

zhèng zhù chēng chuán shuō yǒu yì nián kāi fēng fā dà shuǐ nà lǐ yǒu yì

正著称。传说有一年开封发大水，那里有一

tiáo hé hé dào zǔ sè shuǐ pái xiè bù chū qù bāo zhěng yí diào chá

条河河道阻塞，水排泄不出去。包拯一调查，

yuán lái shì yǒu xiē huàn guān quán

原来是有些宦官权

guì qīn zhàn le hé dào zài hé

贵侵占了河道，在河

dào shang xiū zhù huā yuán

道上修筑花园、

tíng tái bāo zhěng lì kè

亭台。包拯立刻

xià lìng yào zhè

下令，要这

xiē yuán zhǔ bǎ

些园主把

hé dào shang de

河道上的

jiàn zhù quán bù

建筑全部

chāi diào yǒu gè quán guì bù kěn chāi chú hái qiǎng cí duó lǐ ná chu
拆掉。有个权贵不肯拆除，还强词夺理，拿出
yì zhāng dì qì yìng shuō nà shì tā de chǎn yè bāo zhěng xiáng xì yì
一张地契，硬说那是他的产业。包拯详细一
chá fā xiàn dì qì shì wěi zào de lè lìng nà rén mǎ shàng chāi diào huā
查，发现地契是伪造的，勒令那人马上拆掉花
yuán hái xiě le yí fèn zòu zhāng nà rén yí kàn shì qing nào dà le
园，还写了一份奏章。那人一看事情闹大了，
zhǐ hǎo guāi guāi de bǎ huā yuán chāi le
只好乖乖地把花园拆了。

bào zhe pí pá jìn mò fáng duì niú tán qín
抱着琵琶进磨房——对牛弹琴

shì yì bǐ yù shuō huà bàn shì bú kàn duì xiàng huò duì yú
【释义】比喻说话办事不看对象，或对愚
chǔn de rén jiǎng shēn ào de dào lǐ
蠢的人讲深奥的道理。

lì shuō xiǎo lín yì zhí duì bú tài dǒng yīn yuè de xiǎo míng shuō
【例说】小琳一直对不太懂音乐的小明说
yuè lǐ zhēn shi bào zhe pí pá jìn mò fáng duì niú tán qín
乐理，真是“抱着琵琶进磨房——对牛弹琴”。

duì niú tán qín
对牛弹琴

zhàn guó shí qī yǒu yí gè jiào gōng míng yí de yīn yuè jiā qī
战国时期有一个叫公明仪的音乐家，七
xián qín tán de fēi cháng hǎo yì tiān yǒu rén duì gōng míng yí shuō nǐ
弦琴弹得非常好。一天，有人对公明仪说：“你

的琴艺再高，如果对牛弹琴，也是没用的。”公明仪说：“动物和人一样，也有知觉、有感情的。”随即，给老黄牛弹起乐曲来，可老黄牛始终无动于衷，继续吃草。公明仪感到十分奇怪，过了一会儿，他终于明白了，牛听不懂也欣赏不了这种曲调。于是，他开始弹奏蚊子、牛蝇飞舞的声音和小牛的叫声，正在吃草的牛听到这些声音，停止了进食，先是竖起耳朵听，然后摇动尾巴，不停地向四周张望起来。

白娘娘遇许仙——一见钟情

【释义】指男女之间第一次见面就互生好感，产生爱情。

【例说】小明和小琳之间就像“白娘娘遇许仙——一见钟情”。

典故

bái niáng niang yù xǔ xiān

白娘娘遇许仙

bái niáng niang jiù shì bái shé zhuàn zhōng de bái sù zhēn chuán
白娘娘就是《白蛇传》中的白素贞。传
shuō yǒu yì tiān bái sù zhēn hé xiǎo qīng dào xī zǐ hú biān yóu wán
说，有一天，白素贞和小青到西子湖边游玩，
dāng tā men zǒu dào duàn qiáo shí tiān tū rán xià qǐ yǔ lai liǎng rén
当她们走到断桥时，天突然下起雨来。两人
zhèng xiǎng qù bì yǔ hū jiàn duàn qiáo shang jí cōng cōng zǒu lai yí gè měi
正想去避雨，忽见断桥上急匆匆走来一个美
mào shào nián tā xié zhe yì bǎ sǎn què wèi chēng kai nà ge shào
貌少年。他挟着一把伞，却未撑开。那个少
nián míng jiào xǔ xiān jīn tiān shì dào líng yǐn
年名叫许仙，今天是到灵隐
shān wèi tā shuāng qīn sǎo mù de
山为他双亲扫墓的。
jīng guò duàn qiáo
经过断桥，
jiàn liǎng gè qīng
见两个青
nián nǚ zǐ lín
年女子淋
yǔ biàn zǒu guo
雨，便走过
qu shuō qǐng
去说：“请
yòng wǒ zhè bǎ
用我这把
sǎn ba bái
伞吧！”白

sù zhēn jiàn xǔ xiān bù jǐn rén zhǎng de jùn ér qiě xīn yǎn yě hǎo xīn
素贞见许仙不仅人长得俊，而且心眼也好，心
li biàn chǎn shēng le ài mù zhī qíng
里便产生了爱慕之情。

bīng táng zhēng lì zhī tián shang jiā tián
冰糖蒸荔枝——甜上加甜

shì yì bǐ yù fēi cháng xìng fú kuài lè shēng huó bǐ yǐ qián
【释义】比喻非常幸福快乐，生活比以前
gèng jiā měi hǎo
更加美好。

lì shuō xiǎo lín hé xiǎo wáng jié hūn hòu shēng huó jiù xiàng bīng
【例说】小琳和小王结婚后，生活就像“冰
táng zhēng lì zhī tián shang jiā tián
糖蒸荔枝——甜上加甜”。

cǎi zhe bí zi shàng liǎn tài qī fu rén
踩着鼻子上脸——太欺负人

shì yì qī fu rén tài guò fèn le ràng rén
【释义】欺负人太过分了，让人
bù néng róng rěn bǐ yù zuò shì jí duān bié ren dōu
不能容忍。比喻做事极端，别人都
méi bàn fǎ jiē shòu
没办法接受。

lì shuō xiǎo lì shuō huà zǒng shì jǐ
【例说】小丽说话总是挤
duì xiǎo lín xiǎo lín shuō xiǎo lì zhēn shi cǎi
对小琳，小琳说小丽真是“踩
zhe bí zi shàng liǎn tài qī fu rén
着鼻子上脸——太欺负人”。

cāngying diào zài jiàng gāng li hú li hú tu
苍蝇掉在酱缸里——糊里糊涂

shì yì rèn shi mó hu bù míng shì lǐ huò zhǐ nèi róng hùn luàn tōng cháng yòng lái xíng róng yí gè rén sī xiǎng chǔ yú mó hu bù qīng de hùn luàn zhuàng tài
【释义】认识模糊，不明事理，或指内容混乱，通常用来形容一个人思想处于模糊不清的混乱状态。

lì shuō xiǎo míng zài jì suàn yí dào hěn fù zá de shù xué tí gǎn jué zì jǐ jiù xiàng cāng ying diào zài jiàng gāng li hú li hú tu zěn me yě suàn bù qīng chu
【例说】小明在计算一道很复杂的数学题，感觉自己就像“苍蝇掉在酱缸里——糊里糊涂”，怎么也算不清楚。

cáo cāo yù guāngōng xǐ bú zì jīn
曹操遇关公——喜不自禁

shì yì bǐ yù yí gè rén gāo xìng de kòng zhì bú zhù
【释义】比喻一个人高兴得控制不住。

lì shuō zhè cì xiǎo lì kǎo shì ná le dì yī míng pō xiàng cáo cāo yù guān gōng xǐ bú zì jīn
【例说】这次小丽考试拿了第一名，颇像“曹操遇关公——喜不自禁”。

典故

曹操遇关公

三国时期，曹操在赤壁大战失败后，狼狈逃窜，来到了一个岔路口，在这里有两条路可走：一条是阳关大道；另一条是华容道，是条小路。曹操多疑，他想诸葛亮是个狡猾多端的人，故意在华容道上摆迷魂阵，我偏走华容道。没想到诸葛亮的伏兵正是在华容道上。曹操身陷绝境之时却发现前来拦杀的将领竟是

guān yǔ tā zhī dào guān yǔ shí fēn hòu dao suǒ yǐ jiù hěn gāo xìng
关羽，他知道关羽十分厚道，所以就很高兴。
hòu lái cáo cāo xiàng guān gōng qiú qíng fàng xíng guān yǔ kàn zài yuán
后来，曹操向关公求情放行，关羽看在原
lái jiāo wǎng de fèn shang jiù fàng le cáo cāo cuò shī le zhè ge zuì hǎo
来交往的分上就放了曹操，错失了这个最好
de miè cáo jī huì
的灭曹机会。

cè suǒ li zhào jìng zi chòu měi
厕所里照镜子——臭美

shì yì jī fěng rén xiǎn shì zì jǐ piào liang huò néng gàn
【释义】讥讽人显示自己漂亮或能干。
lì shuō xiǎo xiá chuān le jiàn xīn yī fu jiù kāi shǐ xuàn yào
【例说】小霞穿了件新衣服就开始炫耀，
zhēn shi cè suǒ li zhào jìng zi chòu měi
真是“厕所里照镜子——臭美”。

chí táng li de ní qiū fān bù liǎo dà làng
池塘里的泥鳅——翻不了大浪

shì yì xíng róng yí gè rén běn shi qí shí hěn xiǎo duì mǒu
【释义】形容一个人本事其实很小，对某
jiàn shì qing xíng chéng bù liǎo dà de wēi xié
件事情形成不了大的威胁。
lì shuō xiǎo lǐ zhè ge rén
【例说】小李这个人，
chí táng li de ní qiū fān bù liǎo
“池塘里的泥鳅——翻不了
dà làng
大浪”。

chàng gē bú kàn qǔ běn　　lí le pǔ
唱歌不看曲本——离了谱

shì yì　tōng cháng bǐ yù yí jiàn shì qing cuò de hěn yuǎn
【释义】通常比喻一件事情错得很远。

lì shuō　xiǎo míng de qī mò yǔ wén kǎo shì zhǐ yǒu　fēn
【例说】小明的期末语文考试只有20分，
zhēn shi　chàng gē bú kàn qǔ běn　lí le pǔ
真是“唱歌不看曲本——离了谱”。

chě zhe hú zi dǎ qiū qiān　　qiān xū　qiān xū
扯着胡子打秋千——谦虚（牵须）

shì yì　zhǐ yí gè rén yǒu zì zhī zhī míng　chéng rèn zì jǐ
【释义】指一个人有自知之明，承认自己
de quē diǎn yǔ bù zú　jū gōng bù jiāo
的缺点与不足，居功不骄。

lì shuō　xiǎo yǔ huò dé le quán guó zuò wén bǐ sài de dì yī
【例说】小雨获得了全国作文比赛的第一
míng　tā shuō　zhè dōu shì kào lǎo shī hé jiā zhǎng de bāng zhù cái néng huò
名，他说，这都是靠老师和家长的帮助才能获
dé de　zì jǐ bìng méi yǒu zuò shén me　tóng xué men dōu shuō xiǎo yǔ
得的，自己并没有做什么。同学们都说小雨
zhēn shi　chě zhe hú zi dǎ qiū qiān　qiān xū
真是“扯着胡子打秋千——谦虚”。

chénxiāng mù dàng chái shāo　　yòng cái　cái　bú dàng
沉香木当柴烧——用才（材）不当

shì yì　bǐ yù ràng yǒu zuò wéi de rén qù zuò bú shì hé de
【释义】比喻让有作为的人去做不适合的
shì qing
事情。

lì shuō ràng shè jì fú zhuāng de xiǎo
【例说】让设计服装的小
chén qù shè jì pí xié zhēn shi chén xiāng mù dàng
陈去设计皮鞋，真是“沉香木当
chái shāo yòng cái bú dàng
柴烧——用才不当”。

chī le chèng tuó tiě xīn le
吃了秤砣——铁心了

shì yì bǐ yù rèn dìng le yí jiàn shì qing jiù bú zuò gǎi biàn
【释义】比喻认定了一件事情就不做改变。
lì shuō zhè jiàn shì qing jiù zhè me jué dìng le xiǎo lǐ zhè
【例说】这件事情就这么决定了，小李这
cì chī le chèng tuó tiě xīn le
次“吃了秤砣——铁心了”。

chī le suàn pán zǐ xīn li yǒu shù
吃了算盘子——心里有数

shì yì bǐ yù duì yí jiàn shì qing hěn qīng chu hěn yǒu bǎ wò
【释义】比喻对一件事情很清楚、很有把握。
lì shuō xiǎo péng cān jiā zhī shi jìng sài měi dào wèn tí dōu
【例说】小鹏参加知识竞赛，每道问题都
xiàng chī le suàn pán zǐ xīn li yǒu shù
像“吃了算盘子——心里有数”。

chī zhe yóu tiáo chàng gē yóu qiāng huá diào
吃着油条唱歌——油腔滑调

shì yì shuō huà qīng fú yóu huá bù yán sù tōng cháng yòng
【释义】说话轻浮油滑，不严肃。通常用

lái xíng róng yí gè rén zuǐ pí zi hěn lì hai hěn huì shuō huà
来形容一个人嘴皮子很厉害，很会说话。

lì shuō xiǎo lín zài jiā li hěn huì shuō huà hǒng bà ba kāi xīn
【例说】小琳在家里很会说话哄爸爸开心，
bà ba shuō xiǎo lín zhēn shi chī zhe yóu tiáo chàng gē yóu qiāng huá diào
爸爸说，小琳真是“吃着油条唱歌——油腔滑调”。

chōu yān shāo zhěn tou yuàn bù zháo bié ren
抽烟烧枕头——怨不着别人

shì yì bǐ yù yí gè rén zì jǐ zuò cuò le shì qing zì
【释义】比喻一个人自己做错了事情，自
jǐ chéng dān hòu guǒ yě bǐ yù yí gè rén zì zuò zì shòu
己承担后果，也比喻一个人自作自受。

lì shuō bú zhù yì bǎo nuǎn gǎn mào le ba zhè jiào chōu
【例说】不注意保暖，感冒了吧？这叫“抽
yān shāo zhěn tou yuàn bù zháo bié ren
烟烧枕头——怨不着别人”。

chuáng dǐ xia zhī zhāng gōng àn jiàn shāng rén
床底下支张弓——暗箭伤人

shì yì bǐ yù àn dì li yòng mǒu zhǒng
【释义】比喻暗地里用某种
shǒu duàn hài rén
手段害人。

lì shuō xiǎo hóng zài sī xià hé tóng xué shuō
【例说】小红在私下和同学说
xiǎo lín de huài huà xiǎo lín zhī dào hòu shuō xiǎo hóng
小琳的坏话，小琳知道后说小红
shì chuáng dǐ xia zhī zhāng gōng àn jiàn shāng rén
是“床底下支张弓——暗箭伤人”。

chǔ bà wáng kùn gāi xià sì miàn chǔ gē
楚霸王困垓下——四面楚歌

shì yì bǐ yù xiàn rù sì miàn shòu dí gū lì wú yuán de jìng dì
【释义】比喻陷入四面受敌、孤立无援的境地。

lì shuō xiǎo míng qī piàn le lǎo shī yě qī piàn le tóng xué xiàn zài zài bān shang de chǔ jìng jiù xiàng chǔ bà wáng kùn gāi xià sì miàn chǔ gē
【例说】小明欺骗了老师，也欺骗了同学，现在在班上的处境就像“楚霸王困垓下——四面楚歌”。

典故

sì miàn chǔ gē
四面楚歌

gōng yuán qián nián yuè hàn wáng liú bāng shuài lǐng hàn jūn jiāng xiàng yǔ de chǔ jūn chóngchóng
公元前202年12月，汉王刘邦率领汉军，将项羽的楚军重重

包围在垓下。这时，项羽手下的兵士已经很少，粮食又缺乏。夜里，项羽听见四面围住他的军队都唱起楚地的民歌，不禁非常吃惊：“刘邦已经得到楚地了吗？”说着，他就从床上爬起来，在营帐里面喝酒唱歌，边唱边掉眼泪。他旁边的人也非常难过。一会儿，项羽骑上马，带着剩下的八百名骑兵，从南面突围逃走。一边逃，一边打，到乌江西岸时，身边只剩下二十八个人，而追兵却有几千人。见无力回天，项羽便在江边自刎了。

此地无银三百两——自欺欺人

【释义】既欺骗自己，也欺骗别人。指明知不对还要欺骗他人的做法。

【例说】希望你不要为了面子去做那件事，不然的话只会“此地无银三百两——自欺欺人”。

典故

cǐ dì wú yín sān bǎi liǎng

此地无银三百两

gǔ shí hou yǒu gè rén jiào zhāng sān yí cì jué dào le yí gè
古时候，有个人叫张三，一次掘到了一个
guàn zi guàn zi shàng miàn xiě zhe bái yín sān bǎi liǎng zhāng sān xǐ
罐子，罐子上面写着“白银三百两”。张三喜
chū wàng wài chèn zhe tiān hēi bǎ yín guàn zi káng huí jiā qù tā xiǎng
出望外，趁着天黑，把银罐子扛回家去。他想：
bǎ zhè xiē yín zi cáng zài nǎ lǐ hǎo ne zuǒ sī yòu xiǎng hái shi mái
把这些银子藏在哪里好呢？左思右想，还是埋
zài dì li bǎo xiǎn dāng wǎn zhāng sān
在地里保险。当晚，张三
jiù zài wū hòu qiáng jiǎo wā le gè kēng
就在屋后墙脚挖了个坑，
bǎ yín zi mái zài kēng li le
把银子埋在坑里了。
tā hái bú fàng xīn biàn ná
他还不放心，便拿
yì zhāng zhǐ xiě shàng qī gè
一张纸写上七个
zì cǐ dì wú yín sān
字：此地无银三
bǎi liǎng
百两。

bú liào zhè
不料，这
jiàn shì bèi gé bì wáng
件事被隔壁王

èr zhī dào le děng dào bàn yè wáng èr tōu tōu lái dào wū hòu chèn
二知道了。等到半夜，王二偷偷来到屋后，趁
zhe yuè sè jiāng yín zi wā chu lai tōu zǒu le zhè wáng èr yě shì
着月色，将银子挖出来偷走了。这王二也是
gè bèn rén tā tōu le yín zi pà rén jia zhī dào jiù xué zhe zhāng sān
个笨人，他偷了银子怕人家知道，就学着张三，
zài qiáng jiǎo biān tiē zhāng zhǐ tiáo gé bì wáng èr bù céng tōu
在墙脚边贴张纸条：隔壁王二不曾偷！

dǎ hǎo de yú wǎng xīn xīn yǎn er duō
打好的鱼网——心(新)眼儿多

shì yì bǐ yù yí gè rén hěn yǒu xīn jì
【释义】比喻一个人很有心计。

lì shuō xiǎo hóng zhēn shì gè dǎ hǎo de yú wǎng xīn
【例说】小红真是个“打好的鱼网——心
yǎn er duō de rén zhěng tiān zhǐ xiǎng zhe suàn ji bié ren zuì hǎo shǎo
眼儿多”的人，整天只想着算计别人，最好少
yǔ tā lái wǎng
与她来往。

dǎ làn gāng zuò wǎ piàn bù hé suàn
打烂缸做瓦片——不合算

shì yì zhǐ suǒ fù chū de bǐ shōu huò de duō
【释义】指所付出的比收获的多。

lì shuō lǐ dà ye bǎ xīn fáng zi mài le yòu mǎi le gè
【例说】李大爷把新房子卖了，又买了个
lǎo fáng zi bié ren dōu shuō lǐ dà ye shì dǎ làn gāng zuò wǎ piàn
老房子，别人都说李大爷是“打烂缸做瓦片
bù hé suàn
——不合算”。

dà mǎ shuān zài mén kuàng shang yǒu lì wú chù shǐ
大马拴在门框上——有力无处使

shì yì bǐ yù bèi wài jiè de shì wù shù fù wú fǎ shī
【释义】比喻被外界的事物束缚，无法施
zhǎn zì jǐ de néng lì
展自己的能力。

lì shuō tā gāng shòu le shāng zhè cì yùn dòng huì wú fǎ cān
【例说】他刚受了伤，这次运动会无法参
jiā le zhēn shi dà mǎ shuān zài mén kuàng shang yǒu lì wú chù shǐ
加了，真是“大马拴在门框上——有力无处使”。

dà pào hōng cāng ying bù hé suàn
大炮轰苍蝇——不合算

shì yì bǐ yù zuò yí jiàn hěn róng yì huò hěn xiǎo de shì qing
【释义】比喻做一件很容易或很小的事情，
què dà fèi zhōu zhé làng fèi chéng běn
却大费周折，浪费成本。

lì shuō wèi le yí jiàn xiǎo
【例说】为了一件小
shì nǐ huā fèi nà me duō shí jiān zhēn
事，你花费那么多时间，真
shi dà pào hōng cāng ying bù hé suàn
是“大炮轰苍蝇——不合算”。

dǎ zhǒng liǎn chōngpàng zi　wài qiángzhōng gān

打肿脸充胖子——外强中干

shì yì　wài biǎo qiángzhuàng　nèi lǐ kōng xū　bǐ yù méi yǒu
【释义】外表强壮，内里空虚。比喻没有
néng lì zhuāng yǒu néng lì
能力装有能力。

lì shuō　xiǎo lì　dǎ zhǒng liǎn chōng pàng zi　wài qiáng zhōng
【例说】小丽“打肿脸充胖子——外强中
gān　míng míng méi yǒu běn shi　hái yào dā ying gěi bié ren bàn shì
干”，明明没有本事，还要答应给别人办事。

dān jiàn shè shuāngdiāo　yì jǔ liǎng dé

单箭射双雕——一举两得

shì yì　zuò yí jiàn shì dé dào liǎng fāng miàn de hǎo chu
【释义】做一件事得到两方面的好处。

lì shuō　xiǎo míng de nǔ lì méi yǒu bái fèi　zhè cì kǎo shì
【例说】小明的努力没有白费，这次考试
dé le dì yī míng　hái dé dào lǎo shī biǎo yáng　zhēn shi　dān jiàn shè
得了第一名，还得到老师表扬，真是“单箭射
shuāngdiāo　yì jǔ liǎng dé
双雕——一举两得”。

yí jiàn shuāngdiāo

一箭双雕

nán běi cháo shí　běi zhōu yǒu yí gè zhì yǒngshuāngquán de rén jiào
南北朝时，北周有一个智勇双全的人叫

zhǎng sūn shèng jù yǒu bǎi fā bǎi zhòng de shè
长孙晟，具有百发百中的射
jiàn jì yì běi zhōu de guó wáng wèi ān dìng
箭技艺。北周的国王为安定
shǎo shù mín zú tū jué rén bǎ yí
少数民族——突厥人，把一
wèi gōng zhǔ jià gěi tū jué wáng shè tú hù
位公主嫁给突厥王摄图。护
sòng gōng zhǔ de zhǎng sūn shèng shēn shòu tū jué shǒu lǐng
送公主的长孙晟深受突厥首领
shè tú de jìng zhòng liú tā zài tū jué zhù le yì nián
摄图的敬重，留他在突厥住了一年。

yǒu yí cì tā liǎ zhèng zài dǎ liè shè tú měng tái qǐ tóu
有一次，他俩正在打猎，摄图猛抬起头，
kàn jian tiān kōng zhōng yǒu liǎng zhī dà diāo zài zhēng duó yí kuài ròu tā lián
看见天空中有两只大雕在争夺一块肉。他连
máng sòng gěi zhǎng sūn shèng liǎng zhī jiàn yì zhī jiàn jiù gòu le zhǎng
忙送给长孙晟两枝箭，“一枝箭就够了！”长
sūn shèng biān shuō biān jiē guò jiàn cè mǎ
孙晟边说边接过箭，策马
chí qù duì zhǔn dǎ de nán fēn
驰去，对准打得难分
nán jiě de liǎng zhī dà diāo
难解的两只大雕，
sōu de yì shēng liǎng
“嗖”的一声，两
zhī dà diāo biàn chuàn zài
只大雕便串在
yì qǐ diào luò xia
一起掉落下
lai le
来了。

dāo kǒu tiǎn táng wēi xiǎn

刀口舔糖——危险

shì yì xíng róng zài xiǎn è de shì qing shang xiǎng huò dé hǎo
【释义】形容在险恶的事情上想获得好
chu shì hěn wēi xiǎn de
处，是很危险的。

lì shuō xiǎo hái zi yí gè rén wǎng gāo chù pá zhè jiù xiàng
【例说】小孩子一个人往高处爬，这就像
shì dāo kǒu tiǎn táng wēi xiǎn yí dìng yào zhù yì ān quán a
是“刀口舔糖——危险”，一定要注意安全啊！

dāo jiān shang dǎ quán zhàn bú zhù jiǎo

刀尖上打拳——站不住脚

shì yì bǐ yù guān diǎn jīn bu qǐ tuī qiāo yǔ fǎn bó
【释义】比喻观点禁不起推敲与反驳。

lì shuō xiǎo táo kǎo shì méi jí gé tā shuō shì lǎo shī jiāo
【例说】小桃考试没及格，她说是老师教
de bù hǎo mā ma shuō nǐ de zhè ge jiě shì shì dāo jiān shang dǎ
得不好，妈妈说：“你的这个解释是‘刀尖上打
quán zhàn bú zhù jiǎo de yǐ hòu yào nǔ lì xué xí
拳——站不住脚’的，以后要努力学习。”

dāo zi zuǐ dòu fu xīn zuǐ yìng xīn ruǎn

刀子嘴，豆腐心——嘴硬心软

shì yì xíng róng yí gè rén jiù shì zuǐ
【释义】形容一个人就是嘴
shang bù fú ruǎn qí shí nèi xīn shàn liáng
上不服软，其实内心善良。

lì shuō wáng dà niáng zhè ge rén jiù shì
【例说】王大娘这个人就是

dāo zi zuǐ dòu fu xīn zuǐ yìng xīn ruǎn
“刀子嘴，豆腐心——嘴硬心软”。

dào le huángshānxiǎng tài shān zhè shānwàng zhe nà shān gāo
到了黄山想泰山——这山望着那山高

shì yì bǐ yù bú qiè shí jì de zhuī qiú guò gāo guò yuǎn de mù biāo
【释义】比喻不切实际地追求过高过远的目标。

lì shuō nǐ xiàn zài zhèng shì zhǎng wò jì néng de shí hou dàn yí dìng yào míng què mù biāo xué yì háng zuān yì háng bú yào dào le huángshān xiǎng tài shān zhè shān wàng zhe nà shān gāo
【例说】你现在正是掌握技能的时候，但一定要明确目标，学一行钻一行，不要“到了黄山想泰山——这山望着那山高”。

dé lǒngwàng shǔ tān dé wú yàn
得陇望蜀——贪得无厌

shì yì xíng róng yí gè rén fēi cháng tān xīn yǒng yuǎn méi yǒu mǎn zú de shí hou
【释义】形容一个人非常贪心，永远没有满足的时候。

lì shuō zhōng rì jiǎ wǔ zhànzhēng hòu zhōng guó qīng zhèng fǔ yòu shì gē dì yòu shì péi kuǎn kě shì rì běn dì guó zhǔ yì què yào zhàn lǐng quán zhōng guó zhēn shi dé lǒng wàng shǔ tān dé wú yàn
【例说】中日甲午战争后，中国清政府又是割地又是赔款，可是日本帝国主义却要占领全中国，真是“得陇望蜀——贪得无厌”。

典故

dé lǒng wàng shǔ
得陇望蜀

dōng hàn chū nián wěi xiāo gē jù lǒng dì gōng sūn shù gē jù shǔ
东汉初年，隗嚣割据陇地，公孙述割据蜀
dì zì lì wéi wáng èr rén xiāng hù gōu jié duì kàng cháo tíng jiàn
地，自立为王，二人相互勾结，对抗朝廷。建
wǔ bā nián guāng wǔ dì liú xiù yǔ dà jiàng cén péng shuài jūn gōng pò tiān
武八年，光武帝刘秀与大将岑彭率军攻破天
shuǐ cén péng yòu yǔ piān jiàng wú hàn bǎ wěi xiāo bāo wéi zài xī chéng gōng
水，岑彭又与偏将吴汉把隗嚣包围在西城。公
sūn shù pài bīng lái yuán jiù wěi xiāo zhù zhā zài shàngbāng guāng wǔ dì yòu
孙述派兵来援救隗嚣，驻扎在上邦，光武帝又
pài gài yán gěng biàn bāo wéi le shàngbāngchéng zì jǐ
派盖延、耿弁包围了上邦城，自己
huí bīng dōng guī huí dào
回兵东归。回到
jīng chéng liú
京城，刘
xiù gěi cén péng
秀给岑彭
qù xìn shuō
去信说：
liǎng chéng ruò
“两城若
xià biàn kě
下，便可
dài bīng xiàng
带兵向
nán jī pò
南击破

shǔ lǔ rén zǒng shì bù zhī zú jì píng lǒng fù wàng shǔ wǒ
蜀虏。人总是不知足，‘既平陇，复望蜀’，我
měi cì fā dòng zhàn zhēng tóu fa jiù duō bái yì xiē
每次发动战争，头发就多白一些。”

dōng wú zhāo qīn chī kuī zhǐ yǒu yì huí
东吴招亲——吃亏只有一回

shì yì zāo shòu sǔn shī zhǐ cǐ yí cì bǐ yù cóng shì qing
【释义】遭受损失只此一次，比喻从事情
shang huò qǔ jīng yàn bú zài zāo shòu èr cì sǔn shī
上获取经验，不再遭受二次损失。

lì shuō zhè jiàn shì qing jiù zhè me suàn le bú guò dōng
【例说】这件事情就这么算了，不过，“东
wú zhāo qīn chī kuī zhǐ yǒu yì huí
吴招亲——吃亏只有一回”。

dòu fu li zhǎo gǔ tou gù yì tiāo tī
豆腐里找骨头——故意挑剔

shì yì bǐ yù zài yǐ jīng zuò hǎo de shì qing li cún xīn zhǎo
【释义】比喻在已经做好的事情里存心找
má fan
麻烦。

lì shuō xiǎo lín bù xǐ huan xiǎo lì suǒ yǐ měi cì bù guǎn
【例说】小琳不喜欢小丽，所以每次不管
xiǎo lì zuò shén me shì qing xiǎo lín zǒng shì dòu fu li zhǎo gǔ tou
小丽做什么事情，小琳总是“豆腐里找骨头
gù yì tiāo tī wéi nán tā
——故意挑剔”为难她。

dòu fu diào jin huī duī li　chuī yě chuī bu de　dǎ yě
豆腐掉进灰堆里——吹也吹不得，打也
dǎ bu de
打不得

shì yì　bǐ yù duì yí jiàn shì qing gǎn dào fēi cháng wú nài
【释义】比喻对一件事情感到非常无奈。

lì shuō　xiàn zài de jiā tíng duō shì dú shēng zǐ nǚ　jiā zhǎng
【例说】现在的家庭多是独生子女，家长
duì hái zi dà duō hěn nì ài　hái zi fàn le cuò　jiā zhǎng yě shě bu
对孩子大多很溺爱，孩子犯了错，家长也舍不
de jiào xun　zhēn shi　dòu fu diào jin huī duī li　chuī yě chuī bu
得教训，真是“豆腐掉进灰堆里——吹也吹不
de　dǎ yě dǎ bu de
得，打也打不得”。

dòu é hǎn yuān　yuàn tiān yuàn dì
窦娥喊冤——怨天怨地

shì yì　shòu dào le wěi qu bù
【释义】受到了委屈不
jiě jué　bào yuàn tiān yòu bào yuàn dì　xíng
解决，抱怨天又抱怨地，形
róng mán yuàn bù xiū
容埋怨不休。

lì shuō　xiǎo lì chéng jì xià
【例说】小丽成绩下
jiàng　bú qù xún zhǎo yuán yīn　měi tiān
降，不去寻找原因，每天
zhǐ huì　dòu é hǎn yuān　yuàn tiān
只会“窦娥喊冤——怨天
yuàn dì
怨地”。

典故

窦娥喊冤

楚州贫儒窦天章因无钱进京赶考，无奈之下，将幼女窦娥卖给蔡婆家做童养媳。谁知嫁过来不到一年的时间丈夫死去，只剩下婆媳二人相依为命。一次，窦娥外出讨债时，遇到流氓张驴儿父子，张驴儿企图霸占她，见她不从，便想毒死蔡婆以要挟窦娥，不料误杀其父。张驴儿诬告窦娥杀人，官府严刑逼讯婆媳二人，窦娥为救蔡婆被迫自认杀人，被判斩刑。在临刑之时，窦娥指天为誓，死后将血溅白练、六月降雪、大旱三年，以明己冤，后来果然都应验。

dù zi li wán zá xì guài zhǔ yi duō

肚子里玩杂戏——怪主意多

shì yì xíng róng yǔ zhòng bù tóng de xiǎng fǎ yì bān dōu zuò kuā jiǎng tā rén yòng

【释义】形容与众不同的想法，一般都做夸奖他人用。

lì shuō xiǎo míng gǔ líng jīng guài de péng you men dōu shuō tā jiù shì dù zi li wán zá xì guài zhǔ yi duō

【例说】小明古灵精怪的，朋友们都说他就是“肚子里玩杂戏——怪主意多”。

dǒng zhuó jìn jīng bù huái hǎo yì

董卓进京——不怀好意

shì yì tōng cháng yòng yú xíng róng yí gè rén bù ān hǎo xīn

【释义】通常用于形容一个人不安好心。

lì shuō xiǎo wáng hé xiǎo lǐ de guān xì yì zhí bù jiā dàn zuì jìn xiǎo lǐ què duì xiǎo wáng hěn rè qíng dà jiā dōu shuō xiǎo lǐ shì dǒng zhuó jìn jīng bù huái hǎo yì

【例说】小王和小李的关系一直不佳，但最近小李却对小王很热情，大家都说小李是“董卓进京——不怀好意”。

dǒng zhuó jìn jīng

董卓进京

sān guó shí qī yǒu yì tiān dǒng zhuó jiē dào dà jiāng jūn hé jìn

三国时期，有一天，董卓接到大将军何进

pài rén sòng lai de yì fēng xìn yú shì lián yè zhěng dùn hǎo rén mǎ
派人送来的一封信，于是，连夜整顿好人马，
jí máng chū bīng tú zhōng dǒng zhuó dé zhī hé jìn bèi hài xīn lì de
急忙出兵。途中，董卓得知何进被害，新立的
huáng dì táo dào huáng hé biān qù le suí jí dài bīng zhí bèn dào huáng hé
皇帝逃到黄河边去了，随即带兵直奔到黄河
biān jiāng huáng dì kòng zhì zhù hòu dǒng zhuó hù sòng zhe shào dì huí dào
边。将皇帝控制住后，董卓护送着少帝回到
le luò yáng dǒng zhuó xiǎng zhè cì jìn jīng zhǐ dài le sān qiān míng jiàng
了洛阳。董卓想：这次进京，只带了三千名将
shì yào xiǎng zài cháo tíng zhǎng dà quán kào zhè diǎn lì liàng bú gòu tā
士，要想在朝廷掌大权，靠这点力量不够。他
dǎ suàn bǎ shào dì fèi le lìng lì chén liú wáng wéi huáng dì zhè yàng cháo
打算把少帝废了，另立陈留王为皇帝，这样朝
zhèng jiù kě yǐ zì jǐ shuō le suàn zhè me yì lái cháo tíng li de
政就可以自己说了算。这么一来，朝廷里的
dà quán jiù wò zài dǒng zhuó shǒu
大权就握在董卓手
zhōng le dǒng zhuó shǒu zhōng
中了。董卓手中
yǒu le quán zài jīng chéng
有了权，在京城
hú zuò fēi wéi lǎo
胡作非为，老
bǎi xìng yuàn shēng zài
百姓怨声载
dào hòu lái dǒng
道，后来董
zhuó bèi dà sī
卓被大司
tú wáng yǔn shè
徒王允设
jì suǒ shā
计所杀。

断了脚的螃蟹——不能横行了

【释义】比喻一个人失去了权势，就没有东西再支撑他滥用权力做坏事。

【例说】平时欺人太甚的王局长被撤职后，就像“断了脚的螃蟹——不能横行了”，民众对这次政府的决定很拥护。

对牛弹琴——白费劲

【释义】比喻说话或做事不针对重点，浪费力气。

【例说】他那么固执，你再怎么劝说也是“对牛弹琴——白费劲”。

倒了油瓶不扶——袖手旁观

【释义】比喻置身事外，既不过问，也不帮助别人。

lì shuō xiǎo lín kàn dào xiǎo
【例说】小琳看到小
lì chéng jì bù hǎo yě bú qù bāng zhù
丽成绩不好，也不去帮助
tā zhēn shi dǎo le yóu píng bù fú
她，真是“倒了油瓶不扶
xiù shǒu páng guān
——袖手旁观”。

diàn fēng shàn de nǎo dai zhuān chuī liáng fēng
电风扇的脑袋——专吹凉风

shì yì bǐ yù dǎ jī bié ren de rè qíng ài sàn bù lěng
【释义】比喻打击别人的热情，爱散布冷
yán lěng yǔ
言冷语。

lì shuō tā zhè cì kǎo shì bù hǎo nǐ yīng gāi duō gǔ lì
【例说】他这次考试不好，你应该多鼓励
tā cái duì ér bú shì xiàng diàn fēng shàn de nǎo dai zhuān chuī liáng
他才对，而不是像“电风扇的脑袋——专吹凉
fēng zhè yàng tā shì hěn nán jìn bù de
风”，这样他是很难进步的。

diū le tiě chuí dān dēng cǎo niān qīng pà zhòng
丢了铁锤担灯草——拈轻怕重

shì yì zhǐ zuò shì xuǎn qīng sōng de zuò pà zuò fán zhòng de
【释义】指做事选轻松的做，怕做繁重的
gōng zuò
工作。

lì shuō bù shǎo rén duì gōng zuò bú fù zé rèn jiù xiàng diū
【例说】不少人对工作不负责任，就像“丢

le tiě chuí dān dēng cǎo niān qīng pà zhòng zhuān bǎ zhòng dàn zi tuī
了铁锤担灯草——拈轻怕重”，专把重担子推
gěi rén jia zì jǐ tiāo qīng de
给人家，自己挑轻的。

diū le xī guā jiǎn zhī ma yīn xiǎo shī dà
丢了西瓜捡芝麻——因小失大

shì yì wèi le xiǎo de lì yì zào chéng dà de sǔn shī
【释义】为了小的利益，造成大的损失。
lì shuō yǒu de rén wèi le yì diǎn yíng tóu xiǎo lì ér fàng qì
【例说】有的人为了一点蝇头小利而放弃
le kē yán zhēn shi diū le xī guā jiǎn zhī ma yīn xiǎo shī dà
了科研，真是“丢了西瓜捡芝麻——因小失大”。

dòng tíng hú li lāo zhēn xiǎng de dào bàn bú dào
洞庭湖里捞针——想得到，办不到

shì yì bǐ yù gēn běn bù néng shí xiàn de mèng xiǎng
【释义】比喻根本不能实现的梦想。
lì shuō xiǎo míng bù nǔ lì xué xí què xiǎng dé dào hǎo chéng
【例说】小明不努力学习，却想得到好成
jì nà chún shǔ dòng tíng hú li lāo zhēn xiǎng de dào bàn bú dào
绩，那纯属“洞庭湖里捞针——想得到，办不到”。

dù zi è le tián huáng lián zì tǎo kǔ chī
肚子饿了填黄连——自讨苦吃

shì yì zì jǐ yīn wèi zì jǐ suǒ xún zhǎo de shì qing ér gǎn
【释义】自己因为自己所寻找的事情而感
dào tòng kǔ huò zhě kǔ mèn
到痛苦或者苦闷。

lì shuō xiǎo míng píng shí bù hǎo hāo er
【例说】小明平时不好好儿
xué xí kǎo shì chéng jì xiāng dāng de chà bèi bà
学习，考试成绩相当的差，被爸
ba dǎ le yí dùn zhēn shi dù zi è le
爸打了一顿，真是“肚子饿了
tián huáng lián zì tǎo kǔ chī
填黄连——自讨苦吃”。

dú shū rén dāng bīng néng wén néng wǔ wén wǔ shuāng quán
读书人当兵——能文能武；文武双全

shì yì bǐ yù yí gè rén wén cǎi hé wǔ yì dōu hěn chū zhòng
【释义】比喻一个人文采和武艺都很出众。
lì shuō xiǎo kūn bù jǐn xué xí hǎo hái zài yùn dòng huì shang
【例说】小昆不仅学习好，还在运动会上
ná dào le jǐ xiàng bǐ sài de dì yī zhēn shi dú shū rén dāng bīng
拿到了几项比赛的第一，真是“读书人当兵
néng wén néng wǔ
——能文能武”。

è rén xiān gào zhuàng fǎn yǎo yì kǒu
恶人先告状——反咬一口

shì yì bù jǐn bù chéng rèn zì jǐ de cuò wù què fǎn guò
【释义】不仅不承认自己的错误，却反过

lái wū lài duì fāng bǐ yù gàn le huài shì de rén fǎn guò lái wū xiàn
来诬赖对方。比喻干了坏事的人反过来诬陷
shòu hài zhě huò gàn huài shì de shǒu yào fèn zǐ jià huò yú xié cóng zhě
受害者或干坏事的首要分子，嫁祸于胁从者。

lì shuō xiǎo huáng ná le xiǎo lín de bǐ què gēn bié ren shuō
【例说】小黄拿了小琳的笔，却跟别人说
shì xiǎo lín ná le tā de bǐ zhēn shi è rén xiān gào zhuàng fǎn
是小琳拿了他的笔，真是“恶人先告状——反
yǎo yì kǒu
咬一口”。

èr láng shén de huì yǎn yǒu yuǎn jiàn
二郎神的慧眼——有远见

shì yì yǒu yuǎn dà de yǎn guāng gāo míng de jiàn shi
【释义】有远大的眼光；高明的见识。

lì shuō xiǎo cáo de yǎn guāng jiù xiàng èr láng shén de huì yǎn
【例说】小曹的眼光就像“二郎神的慧眼
yǒu yuǎn jiàn
——有远见”。

èr láng shén de huì yǎn
二郎神的慧眼

jù shuō èr láng shén de
据说，二郎神的
shuāng yǎn zhī jiān huì chū xiàn dì sān
双眼之间会出现第三

zhī yǎn zhè zhī yǎn jing wéi jīn sè
只眼，这只眼睛为金色，
huì shǎn diàn wēi lì fēi cháng dà rén
会闪电，威力非常大，人
men chēng tā wéi tōng tiān huì yǎn
们称它为“通天慧眼”。
zhè zhī yǎn jing píng cháng shì yǐn cáng zài
这只眼睛平常是隐藏在
jī ròu li de zhǐ shì zài bì yào
肌肉里的，只是在必要
shí cái xiǎn xiàn chu lai
时才显现出来。

yǒu yí cì sūn wù kōng dà
有一次，孙悟空大
zhàn èr láng shén sūn wù kōng shī zhǎn qī shí èr biàn tā xiān hòu biàn
战二郎神。孙悟空施展七十二变，他先后变
chéng xiǎo yú xiǎo niǎo yóu shé tǔ dì miào zhè xiē biàn huà dōu bèi
成小鱼、小鸟、游蛇、土地庙，这些变化都被
èr láng shén de huì yǎn shí pò le
二郎神的慧眼识破了。

fā le jiào de miàn fěn qì gǔ gǔ de
发了酵的面粉——气鼓鼓的

shì yì xíng róng yí gè rén shēng mèn qì
【释义】形容一个人生闷气。

lì shuō nǐ zěn me zhěng gè rén dōu xiàng fā le jiào de miàn
【例说】你怎么整个人都像“发了酵的面
fěn qì gǔ gǔ de
粉——气鼓鼓的”。

fā gāo shāo de bìng rén shén zhì bù qīng
发高烧的病人——神志不清

shì yì zhǐ zhī jué hé yì shí dōu hěn hùn luàn
【释义】指知觉和意识都很混乱。
lì shuō zuì jìn xiǎo míng shuō mèng huà shí jiù xiàng fā gāo shāo
【例说】最近小明说梦话时就像“发高烧
de bìng rén shén zhì bù qīng
的病人——神志不清”。

fàn diàn li mài fú zhuāng yǒu chī yǒu chuān
饭店里卖服装——有吃有穿

shì yì xíng róng rì cháng fèi yong dōu bú yòng chóu
【释义】形容日常费用都不用愁。
lì shuō bié kàn tā jiā li yuán lái shì nà yàng qióng dàn jīng
【例说】别看他家里原来是那样穷，但经
guò zhè me duō nián de nǔ lì xiàn zài yǐ jīng shì fàn diàn li mài fú
过这么多年的努力，现在已经是“饭店里卖服
zhuāng yǒu chī yǒu chuān
装——有吃有穿”。

fán lí huā xià xī jīng mǎ dào chénggōng
樊梨花下西京——马到成功

shì yì xíng róng shì qing jìn zhǎn shùn lì gāng kāi shǐ jiù qǔ
【释义】形容事情进展顺利，刚开始就取

dé chénggōng duō yòng yú zhù fú tā rén
得成功，多用于祝福他人。

lì shuō xiǎo róu zhù fú jí jiāng qù bǐ sài de xiǎo fēi xī
【例说】小柔祝福即将去比赛的小飞，希
wàng tā néng xiàng fán lí huā xià xī jīng mǎ dào chéng gōng
望他能像“樊梨花下西京——马到成功”。

典故

fán lí huā xià xī jīng
樊梨花下西京

dà táng zhēn guàn nián jiān xī liáng guó hán jiāng guān shǒu jiàng fán hóng
大唐贞观年间，西凉国寒江关守将樊洪
de nǚ ér fán lí huā wǔ yì fēi
的女儿樊梨花，武艺非
cháng jīng zhàn liàn jiù yì shēn yí
常精湛，练就一身移
shān dǎo hǎi de jué jì
山倒海的绝技。

zài yí cì yóu lì
在一次游历
zhōng lí huā jié shí le
中，梨花结识了
dà táng jiāng jūn xuē rén
大唐将军薛仁
guì de ér zi xuē dīng
贵的儿子薛丁
shān duì tā shì yí
山，对他是一
jiàn qīng xīn hòu
见倾心。后

来，西凉国日益壮大起来，唐太宗就命薛丁山为征西元帅，就这样樊梨花与薛丁山成了对阵交战的敌人。

梨花听信了师傅的话，决定阵上招亲。结果薛丁山中计，但他并不承认跟樊梨花阵上成婚的事。

梨花知道程咬金在薛家有很强的说服力，就向他求助。程咬金认为樊梨花嫁入薛家，归顺大唐是好事，就答应帮助樊梨花说服薛家的人。可是薛家还是不同意，樊梨花和程咬金就把这事情闹到了大唐皇帝那里，结果皇帝下旨让薛丁山和樊梨花结了婚。薛丁山没有办法也只好同樊梨花结婚，西凉国也就不战自灭了。

范进中举——喜出望外

【释义】喜事在意料之外。形容遇到意料

zhī wài de hǎo shì ér tè bié gāo xìng
之外的好事而特别高兴。

lì shuō xiǎo kūn de bà ba zhòng le
【例说】小昆的爸爸中了

cǎi piào zhēn shi fàn jìn zhòng jǔ xǐ
彩票，真是“范进中举——喜

chū wàng wài
出望外”。

fān le lǒu de páng xiè dào chù héng xíng
翻了篓的螃蟹——到处横行

shì yì zhè lǐ bǐ yù yí gè rén yī zhàng zì jǐ de quán shì
【释义】这里比喻一个人依仗自己的权势

huò bào lì zuò huài shì
或暴力做坏事。

lì shuō cūn zhǎng jiā de ér zi zhàng zhe fù qīn yǒu diǎn quán lì
【例说】村长家的儿子仗着父亲有点权力

jiù xiàng fān le lǒu de páng xiè dào chù héng xíng
就像“翻了篓的螃蟹——到处横行”。

fàng le qì de pí qiú yìng bù qǐ lái
放了气的皮球——硬不起来

shì yì bǐ yù tí bù qǐ jīng shen méi yǒu le xìn xīn
【释义】比喻提不起精神，没有了信心。

lì shuō xiǎo chén zuì jìn de qíng
【例说】小陈最近的情

xù xiàng fàng le qì de pí qiú yìng
绪像“放了气的皮球——硬

bù qǐ lái
不起来”。

fàng chu qu de fēng zheng yuè fēi yuè gāo

放出去的风筝——越飞越高

shì yì bǐ yù shuō huà xiǎng fǎ shí fēn kōng fàn bù jiē chù

【释义】比喻说话、想法十分空泛，不接触

shí jì

实际。

lì shuō xiǎo míng kàn guo yí bù dòng huà piàn hòu jiù yǒu diǎn

【例说】小明看过一部动画片后，就有点

piāo piāo rán le tā de xiǎng fǎ zhēn shi fàng chu qu de fēng zheng

飘飘然了，他的想法真是“放出去的风筝——

yuè fēi yuè gāo

越飞越高”。

fēi guò de má què yě yào chě gēn máo ài zhàn pián yi

飞过的麻雀也要扯根毛——爱占便宜

shì yì bǐ yù yǒu de rén yǒu yì diǎn xiǎo lì yì yě yào zhàn

【释义】比喻有的人有一点小利益也要占

jù yōng yǒu

据、拥有。

lì shuō xiǎo zhāng zhè ge rén jiù shì fēi guò de má què yě

【例说】小张这个人就是“飞过的麻雀也

yào chě gēn máo ài zhàn pián yi

要扯根毛——爱占便宜”。

fēi jī shang diào yú chà yuǎn le

飞机上钓鱼——差远了

shì yì xíng róng yí gè rén méi yǒu lìng wài yí gè rén qiáng

【释义】形容一个人没有另外一个人强，

bǐ cǐ de chā jù hěn dà

彼此的差距很大。

lì shuō xiǎo hóng de zuò wén gēn xiǎo lín
【例说】小红的作文跟小琳
de bǐ qi lai jiù xiàng zài fēi jī shang diào yú
的比起来，就像在“飞机上钓鱼
chà yuǎn le
——差远了”。

fēi jī shang fàng dà pào kōng xiǎng xiǎng
飞机上放大炮——空响(想)

shì yì bǐ yù xiǎng fǎ bù cóng shí jì chū fā
【释义】比喻想法不从实际出发。
lì shuō zuò shì qing yào cóng shí jì chū fā bù néng xiàng fēi
【例说】做事情要从实际出发，不能像“飞
jī shang fàng dà pào kōng xiǎng xiǎng
机上放大炮——空响（想）”。

féi zào pào bù gōng zì pò
肥皂泡——不攻自破

shì yì bǐ yù huǎng yán yǎn gài bù liǎo zhēn xiàng
【释义】比喻谎言掩盖不了真相。
lì shuō huǎng yán jiù xiàng féi zào pào bù gōng zì pò
【例说】谎言就像“肥皂泡——不攻自破”。

fēng chuī qiáng tóu cǎo liǎng biān dǎo
风吹墙头草——两边倒

shì yì xíng róng yí gè rén de lì chǎng bù jiān dìng nǎ biān
【释义】形容一个人的立场不坚定，哪边
yǒu hǎo chu jiù wǎng nǎ biān kào
有好处就往哪边靠。

lì shuō nǐ bù néng xiàng fēng chuī qiáng tóu cǎo liǎng biān
【例说】你不能像“风吹墙头草——两边
dǎo nǐ zhè yàng wán quán méi yǒu dào dé
倒”，你这样完全没有道德。

fèng yǒu fèng cháo niǎo yǒu niǎo wō hù bù xiāng gān
凤有凤巢，鸟有鸟窝——互不相干

shì yì bǐ yù gè zuò gè de shì qing bǐ cǐ bù gān rǎo
【释义】比喻各做各的事情，彼此不干扰。
lì shuō xiǎo liú liǎng xiōng dì nào fān hòu gè zì de shēng huó
【例说】小刘两兄弟闹翻后，各自的生活
cóng cǐ jiù xiàng fèng yǒu fèng cháo niǎo yǒu niǎo wō hù bù xiāng gān
从此就像“凤有凤巢，鸟有鸟窝——互不相干”。

fó ye liǎn shang de jīn zi qiǎn bó
佛爷脸上的金子——浅薄

shì yì duō bǐ yù rén de xué shí xiū yǎng fū qiǎn
【释义】多比喻人的学识、修养肤浅。
lì shuō méi yǒu cái shí de rén zì chuī zì léi jiù shì fó
【例说】没有才识的人自吹自擂，就是“佛
ye liǎn shang de jīn zi qiǎn bó
爷脸上的金子——浅薄”。

fù zǐ guān hǔ dòu dà jīng xiǎo guài
父子观虎斗——大惊小怪

shì yì xíng róng duì méi yǒu shén me liǎo bu qǐ de shì qing guò
【释义】形容对没有什么了不起的事情过
fèn jīng yà
分惊讶。

lì shuō bú yào xiàng fù zǐ guān hǔ dòu dà jīng xiǎo
【例说】不要像“父子观虎斗——大惊小
guài tā yòu bú shì dì yī cì ná dì yī míng
怪”，他又不是第一次拿第一名。

gǎn chē bú dài biān zi guāng pāi mǎ pì
赶车不带鞭子——光拍马屁

shì yì yòng yú fěng cì bú gù kè guān shí jì zhuān chǎn mèi
【释义】用于讽刺不顾客观实际，专谄媚
fèng cheng tǎo hǎo bié ren de rén
奉承，讨好别人的人。

lì shuō xiǎng shēng guān fā cái yào yǒu zhēn cái shí gàn cái xíng
【例说】想升官发财，要有真才实干才行，
gǎn chē bú dài biān zi guāng pāi mǎ pì shì bù kě qǔ de
“赶车不带鞭子——光拍马屁”，是不可取的。

gān lù sì li de liú bèi ān rán wú yàng
甘露寺里的刘备——安然无恙

shì yì yuán zhǐ rén píng ān méi yǒu jí
【释义】原指人平安没有疾
bìng xiàn zài duō bǐ yù píng píng ān ān méi yǒu shòu
病，现在多比喻平平安安没有受
dào rèn hé de shāng hài
到任何的伤害。

lì shuō xiǎo fāng jīn tiān zuò xiào chē huí jiā de shí hou chū le
【例说】小芳今天坐校车回家的时候出了
chē huò fù mǔ gǎn dào yī yuàn de shí hou kàn dào xiǎo fāng yóu rú gān
车祸，父母赶到医院的时候，看到小芳犹如“甘
lù sì li de liú bèi ān rán wú yàng fù mǔ yì kē xuán zhe
露寺里的刘备——安然无恙”，父母一颗悬着
de xīn zhōng yú fàng le xià lái
的心终于放了下来。

典故

gān lù sì liú bèi zhāo qīn
甘露寺刘备招亲

jù sān guó yǎn yì suǒ zǎi
据《三国演义》所载：
liú bèi xiàng dōng wú jiè le zhòng zhèn jīng zhōu
刘备向东吴借了重镇荆州
hòu yì zhí bù xiǎng guī huán sūn quán
后，一直不想归还。孙权、
zhōu yú chū yú wú nài suì shè xia měi rén
周瑜出于无奈，遂设下美人
jì qǐ tú yǐ sūn quán de mèi mei wéi
计。企图以孙权的妹妹为
ěr yòu piàn liú bèi lái zhāo qīn rán hòu
饵，诱骗刘备来招亲，然后
kòu wéi rén zhì bī qí jiāo huán jīng zhōu
扣为人质，逼其交还荆州。
bú liào cǐ jì bèi zhū gě liàng shí pò tā
不料此计被诸葛亮识破，他
jiāng jì jiù jì qiǎn dà jiàng zhào yún hù sòng
将计就计，遣大将赵云护送

liú bèi guò jiāng dào gān lù sì zhāo qīn bìng shòu yǐ jǐn náng miào jì
刘备过江，到甘露寺招亲，并授以锦囊妙计。
zài gān lù sì li sūn quán de mǔ qīn wú guó tài hòu jiàn liú bèi liǎng
在甘露寺里，孙权的母亲吴国太后见刘备“两
ěr chuí jiān yuán bì guò xī yí fù tiān zǐ xiàng shèn wéi mǎn yì
耳垂肩，猿臂过膝”，一副天子相，甚为满意，
sūn liú lián yīn suì nòng jiǎ chéng zhēn hòu liú bèi xiǎng fāng shè fǎ táo
孙、刘联姻遂弄假成真。后刘备想方设法逃
lí dōng wú bìng jiāng qián lái zhuī gǎn de wú bīng dǎ de diū kuī xiè jiǎ
离东吴，并将前来追赶的吴兵打得丢盔卸甲。

gān zhe dào chī jié jié tián
甘蔗倒吃——节节甜

shì yì yòng lái xíng róng tōng guò zhèng què de bàn fǎ huò dé
【释义】用来形容通过正确的办法，获得
gèng duō de hǎo chu
更多的好处。

lì shuō tā zhè ge rén bàn shì hěn yǒu yǎn guāng zhǐ yào shì
【例说】他这个人办事很有眼光，只要是
tā zuò de shì zǒng shì gān zhe dào chī jié jié tián
他做的事，总是“甘蔗倒吃——节节甜”。

gāo liang dì li zāi cōng ǎi yì jié zi
高粱地里栽葱——矮一截子

shì yì xíng róng zài bú shì hé de dì fang wú fǎ fā huī
【释义】形容在不适合的地方，无法发挥
zì jǐ de cái néng
自己的才能。

lì shuō yí xiàng rèn wéi zì jǐ chéng jì hěn hǎo de xiǎo míng zhuǎn
【例说】一向认为自己成绩很好的小明转
jìn jiān zi bān hòu jiù xiàng gāo liang dì li zāi cōng ǎi yì jié zi
进尖子班后，就像“高粱地里栽葱——矮一截子”。

gāo liang gǎn zi tiāo shuǐ dān dāng bù qǐ

高粱秆子挑水——担当不起

shì yì bǐ yù yí gè rén zì jué shí lì bú gòu chéng dān

【释义】比喻一个人自觉实力不够，承担

bù liǎo zhòng rèn yě kě zài qiān xū shí shǐ yòng

不了重任。（也可在谦虚时使用）

lì shuō wáng lǎo shī ràng xiǎo hóng zuò tǐ yù wěi yuán dàn xiǎo

【例说】王老师让小红做体育委员，但小

hóng de tǐ yù hěn chà biàn gào su lǎo shī zì jǐ shì gāo liang gǎn zi

红的体育很差，便告诉老师自己是“高粱秆子

tiāo shuǐ dān dāng bù qǐ

挑水——担当不起”。

gāo jǔ quán tóu qīng qīng fàng shǒu xià liú qíng

高举拳头轻轻放——手下留情

shì yì xià shǒu de shí hou liú diǎn qíng miàn bǐ yù chǔ lǐ

【释义】下手的时候留点情面。比喻处理

shì qing bú yào tài kē kè

事情不要太苛刻。

lì shuō měi gè fàn cuò wù de rén dōu xī wàng fǎ guān néng gāo

【例说】每个犯错误的人都希望法官能“高

jǔ quán tóu qīng qīng fàng shǒu xià liú qíng

举拳头轻轻放——手下留情”。

gē da bǐng zi sòng guī nü shí xīn shí yì

疙瘩饼子送闺女——实心实意

shì yì zhǐ zhēn chéng shí zài de xīn yì

【释义】指真诚实在的心意。

lì shuō xiǎo péng guò shēng rì xiǎo ài sòng le yì zhī bǐ gěi

【例说】小鹏过生日，小艾送了一支笔给

xiǎo péng suī rán bǐ hěn lián jià dàn què biǎo dá le xiǎo ài zhēn chéng de
小鹏，虽然笔很廉价，但却表达了小艾真诚的
xīn yì yóu rú gē da bǐng zi sòng guī nü shí xīn shí yì
心意，犹如“疙瘩饼子送闺女——实心实意”。

gé xuē sāo yǎng zhuā bú dào yǎng chù
隔靴搔痒——抓不到痒处

shì yì bǐ yù zuò shì qing zhuā bú dào zhòng diǎn
【释义】比喻做事情抓不到重点。

lì shuō xiǎo xiāo měi cì xiě zuò wén de fēn shù dōu bù gāo
【例说】小萧每次写作文的分数都不高，
yīn wèi tā gé xuē sāo yǎng zhuā bú dào yǎng chù zǒng shì zhuā
因为她“隔靴搔痒——抓不到痒处”，总是抓
bú zhù zhòng diǎn
不住重点。

gěi le jiǔ cùn xiǎng shí cùn dé cùn jìn chǐ
给了九寸想十寸——得寸进尺

shì yì dé le yí cùn hái xiǎng zài jìn yì chǐ bǐ yù tān
【释义】得了一寸，还想再进一尺，比喻贪
dé wú yàn
得无厌。

lì shuō yīng guó yǐ bǎo hù yā piàn mào yì wéi yóu kāi shǐ
【例说】英国以保护鸦片贸易为由，开始
le xù móu yǐ jiǔ de qīn huá zhàn zhēng tí chu le gē dì péi kuǎn děng yí
了蓄谋已久的侵华战争，提出了割地赔款等一
xì liè yāo qiú qiǎng pò zhōng guó qiān dìng le sàng quán rǔ guó de nán jīng
系列要求，强迫中国签订了丧权辱国的《南京
tiáo yuē zhēn shi gěi le jiǔ cùn xiǎng shí cùn dé cùn jìn chǐ
条约》，真是“给了九寸想十寸——得寸进尺”。

gēn hé shang jiè shū zi qiǎng rén suǒ nán

跟和尚借梳子——强人所难

shì yì miǎn qiǎng bié ren qù zuò tā bù néng zuò huò bú yuàn yì zuò de shì qing

【释义】勉强别人去做他不能做或不愿意做的事情。

lì shuō xiǎo lì zhēn bù zhī dào zhè jiàn shì bié gēn hé shang jiè shū zi qiǎng rén suǒ nán

【例说】小丽真不知道这件事，别“跟和尚借梳子——强人所难”。

gōngshuōgōng yǒu lǐ pó shuō pó yǒu lǐ nán fēn biàn

公说公有理，婆说婆有理——难分辨

shì yì gè zì yǒu gè zì de lǐ yóu bù zhī dào shéi shuō de shì yǒu lǐ de

【释义】各自有各自的理由，不知道谁说的是有理的。

lì shuō hěn duō shì qing méi yǒu zhèng jù de shí hou dōu shì gōng shuō gōng yǒu lǐ pó shuō pó yǒu lǐ nán fēn biàn

【例说】很多事情没有证据的时候，都是“公说公有理，婆说婆有理——难分辨”。

gǒu ná hào zi duō guǎn xián shì

狗拿耗子——多管闲事

shì yì zhǐ méi yǒu bì yào què chā shǒu guǎn bié ren de shì qing

【释义】指没有必要却插手管别人的事情。

lì shuō xiǎo chén jué de bù yīng gāi gān shè bié ren zhī jiān de shì rú guǒ gān shè jiù shì gǒu ná hào zi duō guǎn xián shì

【例说】小陈觉得不应该干涉别人之间的事，如果干涉，就是“狗拿耗子——多管闲事”。

gǒu yǎo lǚ dòng bīn bù shí hǎo rén xīn
狗咬吕洞宾——不识好人心

shì yì duō yòng yú bǐ yù yí gè rén bù shí hǎo dǎi hǎo
【释义】多用于比喻一个人不识好歹，好
rén huài rén fēn bù qīng
人坏人分不清。

lì shuō xiǎo lín bāng xiǎo lì zhí rì què bèi xiǎo lì shuō shì
【例说】小琳帮小丽值日，却被小丽说是
duō guǎn xián shì zhēn shi gǒu yǎo lǚ dòng bīn bù shí hǎo rén xīn
多管闲事，真是“狗咬吕洞宾——不识好人心”。

典故

bù shí hǎo rén xīn
不识好人心

lǚ dòng bīn yǒu gè
吕洞宾有个
hǎo yǒu jiào gǒu yǎo
好友叫苟杳，
jiā jìng pín hán
家境贫寒。
lǚ dòng bīn gǔ lì
吕洞宾鼓励
tā kè kǔ dú
他刻苦读
shū yì tiān
书。一天，
jiā li lái le yí wèi kè
家里来了一位客
rén xiǎng gěi gǒu yǎo zuò méi lǚ
人，想给苟杳做媒，吕

dòng bīn lián máng tuī tuō dàn gǒu yǎo què dā ying le jié guǒ shì lǚ
洞宾连忙推托，但苟杳却答应了。结果是吕
dòng bīn ràng xīn niáng zi shǒu le sān tiān kōng fáng
洞宾让新娘子守了三天空房。

jǐ nián hòu gǒu yǎo zuò le dà guān zhè nián lǚ jiā shī huǒ
几年后，苟杳做了大官，这年，吕家失火，
lǚ dòng bīn qù zhǎo tā bāng zhù rán ér gǒu yǎo què bù tí bāng máng
吕洞宾去找他帮助。然而，苟杳却不提帮忙
de shì lǚ dòng bīn yí qì zhī xià huí le jiā dào jiā yí kàn jiā
的事，吕洞宾一气之下回了家，到家一看，家
li yǐ jīng gài hǎo le xīn fáng dàn què bèi gào zhī zì jǐ yǐ jīng sǐ
里已经盖好了新房。但却被告知自己已经死
le lǚ dòng bīn yì tīng zhī dào shì gǒu yǎo wán de bǎ xì biàn bǎ
了，吕洞宾一听，知道是苟杳玩的把戏。便把
guān cai pī chéng liǎng bàn lǐ miàn yǒu yì fēng xìn gǒu yǎo bú shì fù
棺材劈成两半，里面有一封信："苟杳不是负
xīn láng lù sòng jīn yín jiā gài fáng nǐ ràng wǒ qī shǒu kōng fáng wǒ
心郎，路送金银加盖房。你让我妻守空房，我
ràng nǐ qī kū duàn cháng
让你妻哭断肠。"

gǒu zuǐ li diū gǔ tou tóu qí suǒ hào
狗嘴里丢骨头——投其所好

shì yì yíng hé tā rén de xǐ hào
【释义】迎合他人的喜好。

lì shuō zhǐ yǒu gǒu zuǐ li diū gǔ tou tóu qí suǒ hào cái néng ràng zhè cì jì huà huò dé chéng gōng
【例说】只有"狗嘴里丢骨头——投其所好"，才能让这次计划获得成功。

gū niang xiù hé bāo zhuān xīn zhì zhì

姑娘绣荷包——专心致志

shì yì bǐ yù zhǐ zhuān zhù yú yí jiàn shì qing bǎ quán bù

【释义】比喻只专注于一件事情，把全部

xīn si dōu fàng zài shàng miàn

心思都放在上面。

lì shuō xiǎo máo xué qǐ xí lai jiù yóu rú gū niang xiù hé

【例说】小毛学起习来就犹如“姑娘绣荷

bāo zhuān xīn zhì zhì

包——专心致志”。

guān cai li chā gùn zi jiǎo sǐ rén

棺材里插棍子——搅死人

shì yì bǐ yù shì qing bèi nòng de hěn fù zá fēi cháng de

【释义】比喻事情被弄得很复杂，非常的

rǎo luàn rén

扰乱人。

lì shuō xiǎo míng de shù xué chéng jì bù hǎo zài jiě shù xué

【例说】小明的数学成绩不好，在解数学

tí mù de shí hou cháng cháng gǎn tàn yǒu de tí mù jiù xiàng zài guān cai

题目的时候常常感叹有的题目就像在“棺材

li chā gùn zi jiǎo sǐ rén

里插棍子——搅死人”。

guān shàng mén dǎ gǒu pǎo bú diào

关上门打狗——跑不掉

shì yì bǐ yù yí jiàn shì qing shí ná jiǔ wěn shì zài bì dé

【释义】比喻一件事情十拿九稳，势在必得。

lì shuō tā zhè cì ná bié ren de dōng xi bèi zhuā le gè zhèng

【例说】他这次拿别人的东西被抓了个正

zháo yǐ jīng shì guānshàng mén dǎ gǒu pǎo bú diào le
着，已经是“关上门打狗——跑不掉”了。

guān yún cháng zǒu mài chéng dà nàn lín tóu
关云长走麦城——大难临头

shì yì bǐ yù zāi huò jí jiāng luò dào zì jǐ de shēn shang
【释义】比喻灾祸即将落到自己的身上。

lì shuō xiǎo míng wàng jì guān hǎo méi qì jiù pǎo chu qu wán le
【例说】小明忘记关好煤气就跑出去玩了，
tā bù zhī guān yún cháng zǒu mài chéng dà nàn lín tóu le
他不知“关云长走麦城——大难临头”了。

guān yún cháng zǒu mài chéng
关云长走麦城

gōng yuán nián guān yǔ shuài bīng qù gōng fán chéng sūn quán pài
公元219年，关羽率兵去攻樊城，孙权派
dà jiàng lǚ méngchéng xū ér rù zhàn lǐng le jīng zhōu guān yǔ dà nù
大将吕蒙乘虚而入，占领了荆州。关羽大怒，
zhěng dùn le jūn duì xiàng jīng zhōu jìn fā tū rán yì zhī dōng wú jūn
整顿了军队，向荆州进发。突然，一支东吴军
duì lán zhù le qù lù zhàn hòu bài zǒu guān yǔ mào rán zhuī le èr shí
队拦住了去路，战后败走，关羽贸然追了二十
yú lǐ hū rán liǎng biān chōng chū liǎng zhī dōng wú rén mǎ bài zǒu de wú
余里，忽然两边冲出两支东吴人马，败走的吴
jūn huí tóu yě shā lai xíng chéng sān lù jiā gōng zhī shì yì zhí shā
军回头也杀来，形成三路夹攻之势。一直杀

dào huáng hūn guān yǔ de bīng zhǐ shèng xia sān bǎi duō
到黄昏，关羽的兵只剩下三百多
rén le zhè shí jūn xīn yǐ luàn
人了。这时，军心已乱，
zài wú tā lù kě zǒu de guān yǔ
再无他路可走的关羽，
zhǐ hǎo zàn dào mài chéng qù zhù zhā
只好暂到麦城去驻扎
xia lai dào le mài chéng guān yǔ
下来。到了麦城，关羽
dài le èr bǎi yú rén mǎ
带了二百余人马
zhǔn bèi tū wéi qù xī chuān
准备突围去西川，
kě yòu zāo dào fú bīng xí jī
可又遭到伏兵袭击，
bìng bèi dōng wú de bīng jiàng huó zhuō le
并被东吴的兵将活捉了。

guān yǔ xiáng cáo cāo shēn zài cáo yíng xīn zài hàn
关羽降曹操——身在曹营心在汉

shì yì shēn zi suī rán zài duì lì de yì fāng dàn xīn li
【释义】身子虽然在对立的一方，但心里
xiǎng zhe zì jǐ yuán lái suǒ zài de yì fāng
想着自己原来所在的一方。

lì shuō nǐ jì rán jiā rù le wǒ men de duì wu jiù yào
【例说】你既然加入了我们的队伍，就要
yì xīn yí yì wèi wǒ men xiào lì bú yào guān yǔ xiáng cáo cāo
一心一意为我们效力，不要“关羽降曹操——
shēn zài cáo yíng xīn zài hàn
身在曹营心在汉”。

典故

身在曹营心在汉

关羽天天吃曹操的饭，却无心为曹操做事，而时时守护着刘备的家眷。但曹操一心想收服关羽，于是采取一系列措施，给他安置了舒适的住所，又领他来见皇帝，册封他为偏将军。之后，又大摆筵席，请众谋臣、武士们和关羽相见，并当着大家的面称颂关羽的美德。见他穿的一件绿锦战袍已经旧了，就给他做了一件新的。然而，关羽穿上新战抱，仍把旧的罩在外面。曹操又赠给他吕布骑过的赤兔马，可他还是要走，一心想回到刘备那里去。

hǎi dǐ lāo yuè yì cháng kōng
海底捞月——一场空

shì yì bǐ yù bái fèi qì lì láo ér wú gōng
【释义】比喻白费气力，劳而无功。

lì shuō xiǎo wáng chǎo gǔ kuī le běn qián yóu rú hǎi dǐ lāo yuè yì cháng kōng
【例说】小王炒股亏了本钱，犹如“海底捞月——一场空”。

hán bīng táng shuō hǎo huà tián yán mì yǔ
含冰糖说好话——甜言蜜语

shì yì bǐ yù yí gè rén wèi le tǎo rén xǐ huan shuō huà xiàng mì táng yí yàng tián
【释义】比喻一个人为了讨人喜欢，说话像蜜糖一样甜。

lì shuō xiǎo lǐ zuì jìn liàn ài le gēn nǚ péng you dǎ diàn huà zǒng shì hán bīng táng shuō hǎo huà tián yán mì yǔ
【例说】小李最近恋爱了，跟女朋友打电话总是“含冰糖说好话——甜言蜜语”。

hán dōng là yuè de mǎ fēng wō kōng kōng dòng dòng
寒冬腊月的马蜂窝——空空洞洞

shì yì yì bān xíng róng yí gè rén de xīn qíng kōng xū huò
【释义】一般形容一个人的心情空虚，或

yǎn shén máng rán
眼神茫然。

lì shuō xiǎo ài zuì jìn de xīn qíng hěn zāo gāo xīn li jiù
【例说】小艾最近的心情很糟糕，心里就
xiàng hán dōng là yuè de mǎ fēng wō kōng kōng dòng dòng de
像“寒冬腊月的马蜂窝——空空洞洞”的。

hàn gāo zǔ zhǎn bái shé yì dāo liǎng duàn
汉高祖斩白蛇——一刀两断

shì yì bǐ yù hé mǒu rén jiān jué zhǎn duàn guān xì
【释义】比喻和某人坚决斩断关系。
lì shuō yǐ hòu wǒ men liǎng gè jiù xiàng hàn gāo zǔ zhǎn bái
【例说】以后我们两个就像“汉高祖斩白
shé yì dāo liǎng duàn zài yě méi yǒu rèn hé guān xì
蛇——一刀两断”，再也没有任何关系。

hàn gāo zǔ zhǎn bái shé
汉高祖斩白蛇

liú bāng céng rèn pèi xiàn sì shuǐ tíng
刘邦曾任沛县泗水亭
de tíng zhǎng yǒu yí cì xiàn li pài
的亭长。有一次，县里派
tā yā lǐng yì pī mín fū qù xiū zhù líng
他押领一批民夫去修筑陵
mù kě nà xiē mín fū yǐ pǎo diào huò
墓。可那些民夫已跑掉或
sǐ diào le dà bàn liú bāng jiàn zhuàng
死掉了大半。刘邦见状，

想放其他人走，但大家看到他如此仗义，都愿意追随他。

正走在路上，有人回来说："有一条大蛇挡住了道路！"刘邦听后说："男子汉大丈夫，怕它做甚！"横在路上的白蛇开口道："我是白帝的儿子，愿意和你一起诛灭暴秦，平分江山。"刘邦听后，没有答应。白蛇于是要挟说："你斩吧！你斩我头，我乱你头；你斩我尾，我乱你尾。"听到此话，刘邦毫不畏惧，举起宝剑将蛇斩为两段，继续前行。

韩信伐楚——明修栈道，暗度陈仓

【释义】比喻用假象迷惑对方以达到某种目的。

【例说】小琳瞒着家人学会了跳舞，并且还获得了第一名，家人都说小琳真是"韩信伐楚——明修栈道，暗度陈仓"。

典故

明修栈道，暗度陈仓

话说项羽灭了秦，自立为西楚霸王，分封各路起义将领到各地称王。刘邦被封为汉王，封地在巴、蜀。后来刘邦得大将韩信，有其相助，终有出头之日。刘邦在汉中休息了两个月，手下的将士耐不住思乡情绪，都萌生了东归之念。韩信令大将樊哙、周勃先带一千人马，前去修复栈道。限期三个月，以令大军早日东归。但是，栈道附近都

是深沟险壑和临渊峭壁，所以工程进展非常缓慢，士兵怨声四起。雍王章邯奉项羽之命把守汉中，防备刘邦东归。近日听说汉军正在修复栈道，就派重兵把守住栈道出口。章邯以为只要守住栈道，就可以堵住刘邦。

哪知韩信派人修复栈道是假，暗度陈仓是真，使敌人误以为刘邦要经栈道出兵，实际上汉军已从另一条路到了陈仓，并一战攻破。

章邯只好退兵，死守孤城废邱，却被韩信利用地理条件，引大水水淹废邱。章邯走投无路，无奈自刎而亡。

旱鸭子过河——不知深浅

【释义】不知道水的深浅，一般形容不懂得事情的道理，行为莽撞的人。

【例说】小丽的数学成绩很不好还要去参加数学竞赛，真是“旱鸭子过河——不知深浅”。

huǒ qián zi xiū biǎo méi chù xià shǒu

火钳子修表——没处下手

shì yì yòng cuò wù de fāng fǎ jiě jué wèn tí bǐ yù yù dào wèn tí wú cóng xià shǒu

【释义】用错误的方法解决问题，比喻遇到问题无从下手。

lì shuō yí xiàng shù xué hěn hǎo de xiǎo xī què zài miàn duì yīng yǔ de shí hou jiù xiàng huǒ qián zi xiū biǎo méi chù xià shǒu

【例说】一向数学很好的小溪，却在面对英语的时候就像“火钳子修表——没处下手”。

huǒ shāo méi mao tòng zài yǎn qián

火烧眉毛——痛在眼前

shì yì bǐ yù shì qing yǐ dào yǎn qián shí fēn jǐn pò

【释义】比喻事情已到眼前，十分紧迫。

lì shuō xiǎo wéi měi cì fàng jià dōu dào huǒ shāo méi mao tòng zài yǎn qián shí cái lái zuò zuò yè

【例说】小唯每次放假都到“火烧眉毛——痛在眼前”时，才来做作业。

hú li zhuāng māo jiào xiǎng tōu jī tóu jī

狐狸装猫叫——想偷鸡(投机)

shì yì bǐ yù zhì zào huò lì yòng jī huì lái shǐ zì jǐ huò lì

【释义】比喻制造或利用机会来使自己获利。

lì shuō tā píng shí bù hǎo hāo er xué xí zǒng shì xiǎng zhe kǎo shì shí zuò xiē xiǎo dòng zuò hú li zhuāng māo jiào xiǎng tóu

【例说】他平时不好好儿学习，总是想着考试时做些小动作，“狐狸装猫叫——想投

jī shì bú duì de
机”，是不对的。

huà shé tiān zú duō cǐ yì jǔ
画蛇添足——多此一举

shì yì bǐ yù zuò duō yú de méi yǒu bì yào de jǔ dòng huò
【释义】比喻做多余的没有必要的举动或
shì qing
事情。

lì shuō zhè jiàn shì qing yǐ jīng zuò de hěn wán měi le hé
【例说】这件事情已经做得很完美了，何
bì zài huà shé tiān zú duō cǐ yì jǔ
必再“画蛇添足——多此一举”。

典故

huà shé tiān zú
画蛇添足

gǔ shí hou chǔ guó yǒu yí gè guì zú jiāng yì hú jiǔ shǎng gěi
古时候，楚国有一个贵族将一壶酒赏给
mén kè men hē yǒu rén tí yì dà jiā hē yì hú jiǔ hái bù
门客们喝。有人提议：“大家喝一壶酒，还不
rú gěi yí gè rén hē dàn shì gěi shéi hē ne yú shì yòu yǒu
如给一个人喝。”但是给谁喝呢？于是，又有
rén jiàn yì zài dì shang huà yì tiáo shé shéi xiān huà wán jiù gěi shéi
人建议：“在地上画一条蛇，谁先画完就给谁
hē mén kè men kāi shǐ zài dì shang huà shé yǒu yí gè rén hěn kuài
喝。”门客们开始在地上画蛇。有一个人很快

jiù huà hǎo le tā biān hē zhe jiǔ biān
就画好了，他边喝着酒边
shuō zài gěi shé tiān shàng jǐ zhī jiǎo
说：“再给蛇添上几只脚。”
bú liào jiǔ hú biàn bèi
不料，酒壶便被
páng biān de yí gè rén ná zǒu
旁边的一个人拿走
le shé běn lái jiù méi yǒu
了：“蛇本来就没有
jiǎo nǐ yào gěi tā tiān jǐ zhī
脚，你要给它添几只
jiǎo jiù tiān ba suǒ yǐ dì yī
脚就添吧，所以第一
gè huà hǎo shé de rén bú shì
个画好蛇的人不是
nǐ ér shì wǒ gěi shé huà
你，而是我！”给蛇画
jiǎo de rén yǎn bā bā de kàn
脚的人眼巴巴地看
zhe hòu huǐ bù yǐ
着，后悔不已。

huáng guā péng chōu le zhú zi tā xia lai le
黄瓜篷抽了竹子——塌下来了

shì yì bǎ zhòng yào de zhī chēng chāi zǒu dǎo zhì shì qing chū
【释义】把重要的支撑拆走，导致事情出
xiàn le yán zhòng hòu guǒ bǐ yù rén huò shì méi yǒu xìn niàn huò zī jīn
现了严重后果。比喻人或事没有信念或资金
děng zhī chēng jiù wú fǎ wéi chí yuán zhuàng
等支撑，就无法维持原状。

lì shuō xiǎo wáng shī qù gōng zuò hòu zhěng gè rén jiù xiàng huáng
【例说】小王失去工作后，整个人就像“黄
guā péng chōu le zhú zi tā xia lai le
瓜篷抽了竹子——塌下来了”。

huáng lián guō li zhǔ rén shēn cóng kǔ shuǐ li áo chu lai de
黄连锅里煮人参——从苦水里熬出来的

shì yì bǐ yù zhōng yú cóng kùn nan zhōng zhǎo dào jiě jué wèn tí
【释义】比喻终于从困难中找到解决问题
zhī dào ér huò dé chéng gōng
之道而获得成功。

lì shuō xiǎo lǐ de shì yè jí jiāng zǒu shang guǐ dào zhēn shi
【例说】小李的事业即将走上轨道，真是
huáng lián guō li zhǔ rén shēn cóng kǔ shuǐ li áo chu lai de
“黄连锅里煮人参——从苦水里熬出来的”。

huáng shang de zhǐ jiāng jūn de lìng yì kǒu shuō le suàn
皇上的旨，将军的令——一口说了算

shì yì bǐ yù shuō huà suàn shù bú
【释义】比喻说话算数，不
zài gēng gǎi
再更改。

lì shuō xiǎo míng yuē xiǎo nà xīng
【例说】小明约小娜星
qī tiān qù tú shū guǎn xiǎo nà dā ying le
期天去图书馆，小娜答应了，
xiǎo míng shuō zhè kě shì huáng shang de zhǐ jiāng jūn de
小明说这可是“皇上的旨，将军的
lìng yì kǒu shuō le suàn
令——一口说了算”。

huái tāi fù nǚ guò dú mù qiáo tǐng ér zǒu xiǎn

怀胎妇女过独木桥——铤而走险

shì yì yì si shì zài wēi jī de shí hou zhǐ néng cǎi qǔ mào

【释义】意思是在危机的时候只能采取冒

xiǎn de xíng dòng méi yǒu xuǎn zé de yú dì le

险的行动，没有选择的余地了。

lì shuō wèi le huò qǔ lì yì xiǎo lǐ zhǐ néng huái tāi fù

【例说】为了获取利益，小李只能“怀胎妇

nǚ guò dú mù qiáo tǐng ér zǒu xiǎn le

女过独木桥——铤而走险”了。

hào zi pá dào niú jiǎo shang zì gāo zì dà

耗子爬到牛角上——自高自大

shì yì zì yǐ wéi hěn liǎo bu qǐ

【释义】自以为很了不起。

lì shuō rén yào shi xiàng hào zi pá dào niú jiǎo shang

【例说】人要是像“耗子爬到牛角上——

zì gāo zì dà qiáo bu qǐ bié ren jiù yǒng yuǎn bù néng jìn bù

自高自大”，瞧不起别人，就永远不能进步。

huái li chuāi dāo zi bù cún hǎo xīn

怀里揣刀子——不存好心

shì yì cún xīn bú shàn zhǐ nèi xīn cún zài zhe è yì huò

【释义】存心不善，指内心存在着恶意或

zhě yīn móu

者阴谋。

lì shuō huáng shǔ láng gěi jī bài nián jiǎn zhí jiù shì huái li

【例说】黄鼠狼给鸡拜年，简直就是“怀里

chuāi dāo zi bù cún hǎo xīn

揣刀子——不存好心”。

jiǎ lǐ kuí pèng dào zhēn lǐ kuí yuān jiā lù zhǎi

假李逵碰到真李逵——冤家路窄

shì yì bǐ yù bù xiǎng jiàn miàn de rén què piān piān yù dào

【释义】比喻不想见面的人却偏偏遇到。

lì shuō xiǎo huáng hé xiǎo wáng zhī jiān de guān xì yì zhí bù hǎo jīn tiān piān piān yòu zài tóng xué jù huì shang jiàn miàn le zhēn shi jiǎ lǐ kuí pèng dào zhēn lǐ kuí yuān jiā lù zhǎi

【例说】小黄和小王之间的关系一直不好，今天偏偏又在同学聚会上见面了，真是“假李逵碰到真李逵——冤家路窄”。

典故

jiǎ lǐ kuí pèng dào zhēn lǐ kuí

假李逵碰到真李逵

shuǐ hǔ zhuàn zhōng yǒu yì huí lǐ kuí huí jiā de shí hou pèng jian yí gè míng jiào lǐ guǐ de qiáng dào jiǎ mào zì

《水浒传》中，有一回李逵回家的时候碰见一个名叫李鬼的强盗假冒自

jǐ　lǐ kuí jiàn yǒu rén dǎ zhe zì
己。李逵见有人打着自
jǐ de zhāo pai lán lù qiǎng jié
己的招牌拦路抢劫，
shí fēn qì fèn　biàn hé
十分气愤，便和
lǐ guǐ dǎ qi lai
李鬼打起来。
jiǎ lǐ kuí bú shì
假李逵不是
zhēn lǐ kuí de duì
真李逵的对
shǒu　rán hòu jiù
手，然后就
huǎng chēng zì jǐ
谎称自己
jiā yǒu bā shí suì
家有八十岁
de lǎo mǔ　lǐ kuí yú shì fàng le tā　hòu lái lǐ kuí zhù diàn de shí
的老母，李逵于是放了他，后来李逵住店的时
hou zhù dào le jiǎ lǐ kuí jiā　lǐ guǐ tóng tā lǎo po jì huà chèn lǐ
候住到了假李逵家，李鬼同他老婆计划趁李
kuí shuì jiào de shí hou shāo sǐ lǐ kuí　shéi chéng xiǎng　lǐ kuí qià qiǎo
逵睡觉的时候烧死李逵。谁成想，李逵恰巧
tīng dào zhè xiē huà　dùn shí　bó rán dà nù　xīn xiǎng　zhè sī　wǒ
听到这些话，顿时，勃然大怒，心想：这厮，我
hǎo xīn zèng yǔ nǐ yín liǎng　yòu ráo le nǐ xìng mìng　nǐ fǎn ér yào hài
好心赠予你银两，又饶了你性命，你反而要害
wǒ　zhè zhèng shì tiān dì bù róng　yì zhuǎn shēn lǐ kuí lái dào hòu mén
我，这正是天地不容！一转身李逵来到后门
biān　dài lǐ guǐ chū mén zhī jì　yì bǎ jiāng qí jiū zhù　jiù zhè yàng
边，待李鬼出门之际，一把将其揪住，就这样，
lǐ guǐ sòng le xìng mìng
李鬼送了性命。

jiàn rén xiān zuò yī lǐ duō rén bú guài

见人先作揖——礼多人不怪

shì yì bǐ yù dài rén yǒu lǐ shù zài xiān jiù néng dé dào bié ren de qīng lài

【释义】比喻待人有礼数在先，就能得到别人的青睐。

lì shuō xiǎo wáng hěn yǒu lǐ mào zǒng shì jiàn rén xiān zuò yī lǐ duō rén bú guài

【例说】小王很有礼貌，总是“见人先作揖——礼多人不怪”。

jiàn zài xián shang yí chù jí fā

箭在弦上——一触即发

shì yì bǐ yù shì tài fā zhǎn dào le shí fēn jǐn zhāng de jiē duàn shāo yí chù dòng jiù huì lì jí bào fā

【释义】比喻事态发展到了十分紧张的阶段，稍一触动就会立即爆发。

lì shuō zhè chǎng bǐ sài yǐ jīng dào le jiàn zài xián shang yí chù jí fā de jiē duàn

【例说】这场比赛已经到了“箭在弦上——一触即发”的阶段。

jiǎng gàn dào shū shàng le dà dàng

蒋干盗书——上了大当

shì yì xíng róng yí gè rén shòu piàn chī le dà kuī

【释义】形容一个人受骗，吃了大亏。

lì shuō xiǎo lín tīng xìn mí xìn bèi

【例说】小琳听信迷信，被

rén piàn le xǔ duō qián zhēn shi jiǎng gàn dào shū shàng le dà dàng
人骗了许多钱，真是“蒋干盗书——上了大当”。

jiāng zǐ yá mài miàn péi le běn qián
姜子牙卖面——赔了本钱

shì yì bǐ yù zuò le yí jiàn wú yì yì bù zhí de qù zuò de shì qing
【释义】比喻做了一件无意义、不值得去做的事情。

lì shuō tā zhè cì zuò shēng yi bú dàn méi yǒu zhuàn dào dà qián fǎn ér shì jiāng zǐ yá mài miàn péi le běn qián
【例说】他这次做生意不但没有赚到大钱，反而是“姜子牙卖面——赔了本钱”。

jiāng zǐ yá mài miàn
姜子牙卖面

jiāng zǐ yá qī shí èr suì cái chéng jiā péng you quàn tā zuò diǎn shēng yi tā xīn rán tóng yì dàn zuò shén me shēng yi ne péng you shuō wǒ jiā cāng li mài zi shēng yá le nǐ kě yǐ mò xiē miàn tiāo dào jí shì shang qù mài jiāng zǐ yá tīng cóng le péng you de huà jiù mò le yí dàn gān miàn dì èr tiān yì zǎo biàn tiāo zhe jìn chéng qù mài
姜子牙七十二岁才成家，朋友劝他做点生意，他欣然同意。但做什么生意呢？朋友说：“我家仓里麦子生芽了，你可以磨些面，挑到集市上去卖。”姜子牙听从了朋友的话，就磨了一担干面，第二天一早便挑着进城去卖。

jiāng zǐ yá dào le chéng li kě shì yì jīn yě méi mài diào tā
姜子牙到了城里，可是一斤也没卖掉。他

zhèng yào qǐ shēn huí jiā shí tū rán yǒu gè mǎi
正要起身回家时，突然有个买
miàn de rén jiào zhù tā tā bǎ biǎn dan
面的人叫住他，他把扁担
wǎng dì shang yí fàng shéng zi diào
往地上一放，绳子掉
zài le dì shang tā zhèng yào
在了地上。他正要
wān yāo cuō miàn shí tū
弯腰撮面时，突
rán pǎo guo lai yì pǐ
然跑过来一匹
mǎ shéng zi tào
马，绳子套
dào le nà pǐ
到了那匹
mǎ de mǎ tí
马的马蹄
shang bǎ liǎng luó
上，把两箩
kuāng miàn tuō chu le wǔ liù zhàng yuǎn miàn fěn sǎ le yí dì cǐ shí
筐面拖出了五六丈远，面粉撒了一地。此时，
zhèng hǎo yí zhèn kuáng fēng chuī lai bǎ dì shang de miàn guā de gān gān jìng jìng
正好一阵狂风吹来，把地上的面刮得干干净净。

jiāng zǐ yá méi yǒu bàn fǎ zhǐ hǎo yí lù āi shēng tàn qì de
姜子牙没有办法，只好一路唉声叹气地
huí dào le jiā li
回到了家里。

jiǎng zhuàng bǎng zài tiáo zhou shang míng yù sǎo dì
奖状绑在笤帚上——名誉扫地

shì yì bǐ yù míng yù wēi xìn děng quán bù sàng shī
【释义】比喻名誉、威信等全部丧失。

【例说】李市长贪污的丑闻曝光后，结果是“奖状绑在笤帚上——名誉扫地”。

进口商品走空运——货（祸）从天降

【释义】比喻突然遭到意外的灾祸。

【例说】小陈走在人行横道上，结果被闯红灯的车子给撞伤了，真是“进口商品走空运——祸从天降”。

荆轲刺秦王——图穷匕见

【释义】比喻事情发展到最后露出了真相或本来面目。

【例说】他这个人非常喜欢耍小聪明，每当“荆轲刺秦王——图穷匕见”时，他就变得无地自容。

典故

tú qióng bǐ xiàn
图穷匕见

gōng yuán qián nián qín guó de jūn duì gōng xià zhào dū yì
公元前228年，秦国的军队攻下赵都，一
zhí dǎ dào le yān guó de nán bù biān jìng yān guó de tài zǐ dān pài
直打到了燕国的南部边境，燕国的太子丹派
jīng kē zuò cì kè yóu yān guó de yǒng shì qín wǔ yáng péi tóng dài zhe
荆轲做刺客，由燕国的勇士秦舞阳陪同，带着
qín wáng de chóu jiā fán yú qī de tóu hé yān
秦王的仇家樊于期的头和燕
guó tǔ dì zuì féi wò de dì fang dū
国土地最肥沃的地方——督
kàng dì qū de dì
亢地区的地
tú lǐ miàn cáng
图，里面藏
zhe yòng dú yào cuì
着用毒药淬
guo de fēng lì
过的锋利
bǐ shǒu lái dào
匕首来到
le qín guó
了秦国。
děng dào jiē
等到接
jiàn de zhè yì tiān jīng kē pěng
见的这一天，荆轲捧

着樊于期的头在前，秦舞阳捧着地图匣相随在后。秦王叫荆轲把地图献上来，荆轲从秦舞阳手中接过地图匣，取出地图，恭恭敬敬地献给秦王。秦王将地图徐徐打开，最后，卷在地图中的匕首露了出来。最终，荆轲刺杀秦王的目的没有达到，自己反而死于乱剑之下。

九牛一毛——微不足道

【释义】比喻所付出的或提供的帮助价值意义很小，不值得一提。

【例说】小王帮助了小李，小李对此非常感激，而小王感觉做这点事情简直就是“九牛一毛——微不足道”。

脚踏楼梯板——步步高升

【释义】一般用来形容某人的职位不断高升，多用做祝贺语。

【例说】小张被提拔为部门主任，半年后又荣升为区域经理，大家都祝贺她说："你真是'脚踏楼梯板——步步高升'。"

脚底下踩棒槌——立场不稳

【释义】比喻自己所持的观点不明确、立场不坚定。

【例说】他这个人在对事物的看法上没有自己的主见，别人都说他"脚底下踩棒槌——立场不稳"。

铁公鸡下蛋——异想天开

【释义】比喻想法很不切合实际，非常的奇怪。

【例说】小毛说自己要造一架飞机，朋友们都说他"铁

gōng jī xià dàn yì xiǎng tiān kāi
公鸡下蛋——异想天开”。

jūn shì jiā de lùn wén zhǐ shàng tán bīng
军事家的论文——纸上谈兵

shì yì zhǐ kōng tán lǐ lùn bù néng jiě jué shí jì wèn tí
【释义】指空谈理论，不能解决实际问题，
huò bù néng chéng wéi xiàn shí
或不能成为现实。

lì shuō xiàn shí shēng huó zhōng gōng zuò shì xū yào shí jì néng lì
【例说】现实生活中工作是需要实际能力
de zhǐ huì jūn shì jiā de lùn wén zhǐ shàng tán bīng shì bù
的，只会“军事家的论文——纸上谈兵”是不
xíng de
行的。

jǔ qǐ niǎn pán dǎ yuè liang bù zhī tiān gāo dì hòu
举起碾盘打月亮——不知天高地厚

shì yì bǐ yù bù zhī dào shì qing de yán zhòng jiān jù duō
【释义】比喻不知道事情的严重、艰巨，多
xíng róng yí gè rén de jiāo kuáng wú zhī
形容一个人的骄狂无知。

lì shuō yào zhī dào yǐ nǐ xiàn zài
【例说】要知道以你现在
de jīng lì hé zhī shi hái bù néng lái jiě jué
的经历和知识，还不能来解决
zhè yàng de wèn tí bú yào jǔ qǐ niǎn pán
这样的问题，不要“举起碾盘
dǎ yuè liang bù zhī tiān gāo dì hòu
打月亮——不知天高地厚”。

kǎn chái mài mǎi chái shāo jìn zuò dào gōng

砍柴卖，买柴烧——尽做倒功

shì yì bǐ yù bái fèi lì qi zuò shì bù dé lì hái kě néng zào chéng sǔn shī

【释义】比喻白费力气做事，不得利还可能造成损失。

lì shuō xiǎo míng xué xí chéng jì hěn yì bān xiàn zài què xiàng xiǎo gāng jiè shào qǐ zì jǐ de xué xí fāng fǎ lai zhēn shi kǎn chái mài mǎi chái shāo jìn zuò dào gōng

【例说】小明学习成绩很一般，现在却向小钢介绍起自己的学习方法来，真是“砍柴卖，买柴烧——尽做倒功”。

kāi huì hū kǒu hào yì kǒu tóng shēng

开会呼口号——异口同声

shì yì bǐ yù rén men de shuō fǎ hé yì jiàn wán quán yí zhì

【释义】比喻人们的说法和意见完全一致。

lì shuō bān zhǎng xiǎo míng wèn tóng xué men chūn yóu xiǎng qù nǎ lǐ dà jiā yóu rú kāi huì hū kǒu hào yì kǒu tóng shēng de shuō qù gōng yuán

【例说】班长小明问同学们春游想去哪里，大家犹如“开会呼口号——异口同声”地说：“去公园。”

kāi le zhá de hé shuǐ yí xiè qiān lǐ

开了闸的河水——一泻千里

shì yì xíng róng hé shuǐ bēn liú zhí xià liú de yòu kuài yòu

【释义】形容河水奔流直下，流得又快又

yuǎn yě bǐ yù wén bǐ huò qǔ diào qì shì bēn fàng yě xíng róng jià

远。也比喻文笔或曲调气势奔放；也形容价

gé měng diē bù zhǐ

格猛跌不止。

lì shuō gǔ piào shì chǎng jīng guò měng zhǎng zhī hòu zuì jìn de

【例说】股票市场经过猛涨之后，最近的

gǔ piào jiù xiàng kāi le zhá de hé shuǐ yí xiè qiān lǐ

股票就像“开了闸的河水——一泻千里”。

kāi zhe tuō lā jī niǎn tù zi yǒu jìn shǐ bú shàng

开着拖拉机撵兔子——有劲使不上

shì yì zhǐ zì jǐ yǒu néng lì zuò shì huò bāng zhù bié ren

【释义】指自己有能力做事或帮助别人，

què bù zhī dào zěn me zuò

却不知道怎么做。

lì shuō yǎn kàn zhè chǎng qiú jiù yào shū le zài páng biān de

【例说】眼看这场球就要输了，在旁边的

jiào liàn zhēn shi kāi zhe tuō lā jī niǎn tù zi yǒu jìn shǐ bú shàng

教练真是“开着拖拉机撵兔子——有劲使不上”。

kāi huì qǐng le jià méi chū xi xí

开会请了假——没出息(席)

shì yì zhǐ yí gè rén bú wù zhèng yè bù sī jìn qǔ

【释义】指一个人不务正业，不思进取。

lì shuō xiǎo wáng dà xué bì yè hòu yì zhí dāi zài jiā li bú

【例说】小王大学毕业后一直待在家里不

qù zhǎo gōng zuò fù mǔ pī píng tā shuō nǐ zhēn shi kāi huì qǐng le
去找工作，父母批评他说：“你真是‘开会请了

jià méi chū xi
假——没出息’。”

kàn zhe tiān mō zhe dì yǎn gāo shǒu dī
看着天摸着地——眼高手低

shì yì zhǐ yí gè rén zuò shì de mù biāo hěn dà shèn zhì
【释义】指一个人做事的目标很大，甚至

bú qiè shí jì ér shí jì shang zì jǐ gēn běn zuò bú dào
不切实际，而实际上自己根本做不到。

lì shuō nǐ zuò shì yào gū jì yí xià zì jǐ de shí jì néng
【例说】你做事要估计一下自己的实际能

lì bú yào kàn zhe tiān mō zhe dì yǎn gāo shǒu dī
力，不要“看着天摸着地——眼高手低”。

kǔ guā bàn huáng lián kǔ shang jiā kǔ
苦瓜拌黄连——苦上加苦

shì yì bǐ yù shì qing lián lián shòu cuò xuě shang jiā shuāng
【释义】比喻事情连连受挫，雪上加霜。

lì shuō lǐ huī de bà ba bìng
【例说】李辉的爸爸病

shì le mā ma gǎi jià le xiàn zài tā
逝了，妈妈改嫁了，现在他

de nǎi nai yòu huàn le zhòng bìng zhè ge
的奶奶又患了重病，这个

hái zi de shēng huó zhēn shì kǔ guā bàn
孩子的生活真是“苦瓜拌

huáng lián kǔ shàng jiā kǔ le
黄连——苦上加苦”了。

kōng xīn luó bo zhōng kàn bù zhōng yòng

空心萝卜——中看不中用

shì yì yì bān bǐ yù yí gè rén wài biǎo hǎo kàn què méi yǒu shén me běn lǐng bú huì zuò shì qing

【释义】一般比喻一个人外表好看，却没有什么本领，不会做事情。

lì shuō xiǎo lǐ zhè ge rén jiù xiàng kōng xīn luó bo zhōng kàn bù zhōng yòng yì diǎn er běn shi dōu méi yǒu

【例说】小李这个人就像“空心萝卜——中看不中用”，一点儿本事都没有。

kǒng fū zǐ bài shī bù chǐ xià wèn

孔夫子拜师——不耻下问

shì yì zhǐ bù yǐ xiàng dì wèi hé xué shí bǐ zì jǐ chà de rén qǐng jiào wéi diū rén huò chǐ rǔ de shì

【释义】指不以向地位和学识比自己差的人请教为丢人或耻辱的事。

lì shuō zài xué xí shang zhǐ yǒu kǒng fū zǐ bài shī bù chǐ xià wèn cái néng qǔ dé hěn dà de jìn bù

【例说】在学习上只有“孔夫子拜师——不耻下问”，才能取得很大的进步。

典故

kǒng zǐ bù chǐ xià wèn

孔子不耻下问

yí cì kǒng zǐ qù lǔ guó guó jūn de zǔ miào cān jiā jì zǔ diǎn lǐ bú duàn xiàng rén xún wèn yǒu rén jiù zài bèi hòu cháo xiào tā

一次，孔子去鲁国国君的祖庙参加祭祖典礼，不断向人询问，有人就在背后嘲笑他，

shuō tā bù dǒng lǐ yí shén me dōu yào wèn
说他不懂礼仪，什么都要问。
kǒng zǐ tīng dào zhè xiē yì lùn hòu
孔子听到这些议论后，
shuō duì yú bù dǒng de shì
说：“对于不懂的事，
wèn gè míng bai zhè zhèng shì
问个明白，这正是
wǒ yāo qiú zhī lǐ de
我要求知礼的
biǎo xiàn a
表现啊！”
nà shí wèi
那时，卫
guó yǒu gè dà fū
国有个大夫
jiào kǒng yǔ tā
叫孔圉，他
sǐ hòu bèi shòu yú
死后，被授予
shì hào wén kǒng zǐ de xué sheng zǐ gòng yǒu xiē bù fú qì yú
谥号“文”。孔子的学生子贡有些不服气，于
shì jiù qù wèn kǒng zǐ lǎo shī kǒng wén zǐ píng shén me kě yǐ bèi
是就去问孔子：“老师，孔文子凭什么可以被
chēng wéi wén ne kǒng zǐ dá mǐn ér hào xué bù chǐ xià
称为‘文’呢？”孔子答：“敏而好学，不耻下
wèn shì yǐ wèi zhī wén yě
问，是以谓之‘文’也。”

kǒu chuán jiā shū yán ér wú xìn
口传家书——言而无信

shì yì zhǐ shuō huà bú suàn shù bù jiǎng xìn yòng
【释义】指说话不算数，不讲信用。

lì shuō xiǎo jūn hé xiǎo máo yuē dìng
【例说】小军和小毛约定
hǎo fàng xué yì qǐ huí jiā dàn xiǎo jūn xiān zǒu
好放学一起回家，但小军先走
le xiǎo máo shuō xiǎo jūn shì yí gè kǒu chuán
了，小毛说小军是一个“口传
jiā shū yán ér wú xìn de rén
家书——言而无信”的人。

kū téng chán dà shù shēng sǐ xiāng yī
枯藤缠大树——生死相依

shì yì bǐ yù zài shēng huó shang bù lí bú qì tóng bǐ cǐ
【释义】比喻在生活上不离不弃，同彼此
de mìng yùn gòng cún wáng
的命运共存亡。

lì shuō liáng shān bó hé zhù yīng tái jiù shì yí duì kū téng
【例说】梁山伯和祝英台就是一对“枯藤
chán dà shù shēng sǐ xiāng yī de fū qī
缠大树——生死相依”的夫妻。

kuā fù zhuī rì zì bú liàng lì
夸父追日——自不量力

shì yì bù gū jì zì jǐ de néng lì huò guò gāo gū jì
【释义】不估计自己的能力，或过高估计
zì jǐ de néng lì
自己的能力。

lì shuō zuò shì qing bù néng xiàng kuā fù zhuī rì zì
【例说】做事情不能像“夸父追日——自
bú liàng lì
不量力”。

典故

夸父追日

《山海经》里有这样一个神话故事：古代有一位神人，名叫夸父。有一天，他要寻找太阳的去向，因而就跟着太阳的方向追逐下去，跑了好久，也没追赶上。他累极了，渴极了，喝干了黄河与渭水仍不能满足。于是，他又往北边去找大的湖泊。可是，由于渴得厉害，还没等找到湖泊中途就死了。他扔掉的手杖，变成了一片树林。

lǎn pó niáng de guǒ jiǎo bù yòu cháng yòu chòu

懒婆娘的裹脚布——又长又臭

shì yì bǐ yù yí jiàn shì yīn wèi cháng shí jiān méi yǒu jié guǒ

【释义】比喻一件事因为长时间没有结果

xiǎn de fá wèi ě xin

显得乏味、恶心。

lì shuō yì xiē lǐng dǎo jiǎng bào gào jiù xiàng lǎn pó niáng de

【例说】一些领导讲报告就像“懒婆娘的

guǒ jiǎo bù yòu cháng yòu chòu

裹脚布——又长又臭”。

láng chī dōng guō xiān sheng ēn jiāng chóu bào

狼吃东郭先生——恩将仇报

shì yì wàng jì zì jǐ suǒ shòu bié ren de ēn huì zuò chu

【释义】忘记自己所受别人的恩惠，做出

duì bu qǐ bié ren de shì

对不起别人的事。

lì shuō nǐ shòu dào le tā de ēn huì fēi dàn bù gǎn jī

【例说】你受到了他的恩惠，非但不感激，

fǎn ér láng chī dōng guō xiān sheng ēn jiāng chóu bào jiǎn zhí tài

反而“狼吃东郭先生——恩将仇报”，简直太

bù yīng gāi le

不应该了。

典故

dōng guō xiān sheng hé láng
东郭先生和狼

yǒu yì zhī láng bèi liè rén shè zhòng fù shāng ér táo zhè shí
有一只狼被猎人射中，负伤而逃。这时，
pèng dào le qí zhe máo lǘ de dōng guō xiān sheng láng pǎo dào dōng guō xiān
碰到了骑着毛驴的东郭先生，狼跑到东郭先
sheng miàn qián āi qiú shuō xiān sheng kuài jiù jiu wǒ ba dōng guō xiān
生面前哀求说：“先生，快救救我吧！”东郭先
sheng jiàn zhuàng biàn bǎ tā cáng jin shū dài zi li
生见状，便把它藏进书袋子里。

liè rén zhuī shang lai le
猎人追上来了，
wèn dōng guō xiān sheng shì fǒu kàn jian
问东郭先生是否看见
yì zhī láng dōng guō xiān sheng gěi liè rén
一只狼，东郭先生给猎人
zhǐ le gè fāng xiàng ràng
指了个方向，让
liè rén zǒu kai le
猎人走开了。
liè rén qián jiǎo gāng
猎人前脚刚
zǒu láng hòu jiǎo
走，狼后脚
jiù xiǎng chī dōng guō
就想吃东郭
xiān sheng
先生。

zhèng dāng dōng guō xiān sheng wú fǎ bǎi tuō láng de jiū chán shí yǒu
正当东郭先生无法摆脱狼的纠缠时，有
gè lǎo nóng fū lù guò zhè lǐ dōng guō xiān sheng qǐng tā guò lai píng lǐ
个老农夫路过这里，东郭先生请他过来评理。
lǎo nóng fū tīng hòu shuō nǐ men jiǎng de wǒ bù xiāng xìn zhè shū
老农夫听后说：“你们讲的，我不相信。这书
dài zi zěn néng zhuāng xià láng ne yú shì láng yòu tǎng zài dì shang
袋子怎能装下狼呢？”于是，狼又躺在地上，
quán qi shēn zi dōng guō xiān sheng yòu bǎ láng zhuāng jin shū dài li lǎo
蜷起身子，东郭先生又把狼装进书袋里。老
nóng fū lì jí bǎ dài zi zā jǐn jǔ qi chú tou bǎ láng dǎ sǐ le
农夫立即把袋子扎紧，举起锄头，把狼打死了。

lǎo bāo duàn àn liǎn hēi xīn bù hēi
老包断案——脸黑心不黑

shì yì bǐ yù yí gè rén de nèi xīn fēi cháng zhèng yì
【释义】比喻一个人的内心非常正义、
shàn liáng
善良。

lì shuō zuò wéi fǎ guān zài shěn àn shí yí dìng yào gōng dao
【例说】作为法官在审案时一定要公道，
jiù xiàng lǎo bāo duàn àn liǎn hēi xīn bù hēi
就像“老包断案——脸黑心不黑”。

lǎo hǎi ruì shàng jīn diàn wèi mín qǐng mìng
老海瑞上金殿——为民请命

shì yì xíng róng wèi lǎo bǎi xìng shēn sù tòng kǔ
【释义】形容为老百姓申诉痛苦。

lì shuō wèi le ràng bān li duō yì diǎn kè wài huó dòng bān
【例说】为了让班里多一点课外活动，班

zhǔ rèn biàn xiàng xué xiào fǎn yìng qíng kuàng jiù xiàng lǎo hǎi ruì shàng jīn diàn
主任便向学校反映情况，就像“老海瑞上金殿
wèi mín qǐng mìng
——为民请命”。

典故

hǎi ruì wèi mín qǐng mìng
海瑞为民请命

hǎi ruì shēng huó de nián dài zhèng shì míng
海瑞生活的年代，正是明
wáng cháo yóu shèng jí shuāi de zhuǎn zhé shí qī biǎo
王朝由盛及衰的转折时期，表
miàn yí piàn tài píng qí shí wēi jī sì fú
面一片太平，其实危机四伏。

hǎi ruì zài hù bù gòng zhí
海瑞在户部供职
shí chū yú duì guó jiā cái lì
时，出于对国家财力
de yōu lǜ tā yǐ liù pǐn xiǎo
的忧虑，他以六品小
guān de shēn fen bào zhe bì sǐ
官的身份抱着必死
de jué xīn yì rán shàng shū
的决心毅然上疏。
zòu shū dì shang hòu hǎi ruì
奏疏递上后，海瑞
jí bèi pò rù yù hǎo zài bù jiǔ
即被迫入狱，好在不久
jiā jìng bìng shì cái dé yǐ huò shè guān fù
嘉靖病逝，才得以获赦，官复

原职，并逐步升至应天府巡抚等职。海瑞铁面无私，对一直有恩于他的老丞相徐阶也毫不留情，他将徐家仗势多占的四十亩良田退还原主，将欺压良民的徐阶的两个儿子及二十多个家人依律问罪。

老和尚的木鱼——天生挨打的货

【释义】比喻不思进取，被社会淘汰的人。

【例说】小丽总是懒懒散散，没有学识还一点也不知道进步，以后走向社会，肯定就是“老和尚的木鱼——天生挨打的货”。

老和尚撞钟——过一日是一日

【释义】比喻一个人没有上进心，胸无大志，只要能过得下去就过一天算一天地混日子。

lì shuō yí gè rén yào yǒu diǎn cháng yuǎn de mù biāo bù néng
【例说】一个人要有点长远的目标，不能
lǎo hé shang zhuàng zhōng guò yí rì shì yí rì
“老和尚撞钟——过一日是一日”。

lǎo shāo gōng chēng chuán kàn fēng shǐ duò
老艄公撑船——看风使舵

shì yì bǐ yù zuò shì bú dìng xìng suí jī yìng biàn kàn xíng
【释义】比喻做事不定性，随机应变，看形
shì bàn shì tōng cháng dōu yòng yú fěng cì tā rén
势办事。通常都用于讽刺他人。
lì shuō zhāng yǒng nà ge rén fēi cháng shì li zuò qǐ shì lai
【例说】张勇那个人非常势利，做起事来
hěn huì lǎo shāo gōng chēng chuán kàn fēng shǐ duò
很会“老艄公撑船——看风使舵”。

lǎo hǔ jìn zhá mén sǐ lù yì tiáo
老虎进闸门——死路一条

shì yì wú lù kě zǒu bǐ yù méi yǒu qián tú
【释义】无路可走，比喻没有前途。
lì shuō yǔ zhèng fǔ hé rén mín wéi dí yóu rú lǎo hǔ jìn
【例说】与政府和人民为敌，犹如“老虎进
zhá mén sǐ lù yì tiáo
闸门——死路一条”。

lǎo hǔ gēn zhe hú li zǒu hú jiǎ hǔ wēi
老虎跟着狐狸走——狐假虎威

shì yì hú li jiǎ jiè lǎo hǔ de wēi fēng qù xià hu qí tā
【释义】狐狸假借老虎的威风去吓唬其他

的野兽。比喻依仗别人的势力去欺压人。

【例说】贾均结交了几个爱打架的朋友，在学校里一旦与谁发生点儿矛盾，就把他的那些朋友叫来助威，真是“老虎跟着狐狸走——狐假虎威”。

老牛拉破车——慢腾腾的

【释义】指做事情一点也不讲求效率，很懒散。

【例说】她是个慢性子的人，做起事来也是“老牛拉破车——慢腾腾的”。

老鼠过街——人人喊打

【释义】比喻某人品性很差，不受大家欢迎，招人厌恶，无论走到哪里都会受

dào dà jiā de yí zhì gōng jī
到大家的一致攻击。

lì shuō fàn zuì fèn zǐ bì xū xuán yá lè
【例说】犯罪分子必须悬崖勒
mǎ fǒu zé jiāng biàn chéng lǎo shǔ guò jiē rén
马，否则将变成“老鼠过街——人
rén hǎn dǎ
人喊打”。

lǎo tài tai chī huáng lián kǔ kǒu pó xīn
老太太吃黄连——苦口婆心

shì yì bǐ yù shàn yì yòu bú yàn qí fán de kāi dǎo quàn shuō
【释义】比喻善意又不厌其烦地开导、劝说。
lì shuō shàng xué shí fù mǔ zǒng shì lǎo tài tai chī huáng lián
【例说】上学时，父母总是“老太太吃黄连
kǔ kǒu pó xīn de quàn dǎo wǒ hǎo hāo er niàn shū
——苦口婆心”地劝导我好好儿念书。

lí māo huàn tài zǐ yǐ jiǎ chōng zhēn
狸猫换太子——以假充真

shì yì bǐ yù yòng jiǎ mào wěi liè de dōng xi lái mào chōng yōu
【释义】比喻用假冒伪劣的东西来冒充优
liáng de dōng xi
良的东西。
lì shuō mǎi dōng xi shí yí dìng yào hǎo hāo er de shí bié
【例说】买东西时一定要好好儿地识别，
bú yào bèi mài jiā lí māo huàn tài zǐ yǐ jiǎ chōng zhēn de xíng
不要被卖家“狸猫换太子——以假充真”的行
wéi gěi piàn le
为给骗了。

典故

lí māo huàn tài zǐ
狸猫换太子

sòng zhēn zōng dì yī gè huáng hòu sǐ hòu tā de liǎng gè fēi zi
宋真宗第一个皇后死后，他的两个妃子
dōu huái yùn le liú fēi jiǔ huái jí dù zhī xīn wéi kǒng lǐ fēi shēng
都怀孕了。刘妃久怀嫉妒之心，唯恐李妃生
le ér zi bèi lì wéi huáng hòu yú shì yǔ gōng zhōng zǒng guǎn dìng jì jiāng
了儿子被立为皇后，于是与宫中总管定计，将
yì zhī lí māo bāo qu pí máo huàn zǒu le gāng chū shì de tài zǐ bìng
一只狸猫剥去皮毛，换走了刚出世的太子，并
mìng gōng nǚ lēi sǐ tài zǐ gōng nǚ yú xīn bù rěn àn zhōng jiāng tài
命宫女勒死太子。宫女于心不忍，暗中将太
zǐ jiāo fù huàn guān chén lín
子交付宦官陈林。

bù jiǔ liú fēi lín chǎn shēng le gè
不久，刘妃临产，生了个
ér zi bìng bèi lì wéi tài zǐ liú fēi yě
儿子，并被立为太子，刘妃也
bèi cè lì wéi huáng hòu shéi zhī
被册立为皇后。谁知
liù nián hòu liú hòu de ér
六年后，刘后的儿
zi dé bìng yāo zhé dāng
子得病夭折。当
liú hòu dé zhī lǐ fēi de
刘后得知李妃的
ér zi bìng méi yǒu sǐ shí jiù
儿子并没有死时，就

把他收来抚养，让他补了太子的位置，并做了皇帝。包拯趁机将李妃带进宫中，李妃这时才与自己的亲生儿子仁宗见面，并道出了真相。

鲤鱼跳上船——不劳（捞）而获

【释义】指自己不劳动，却占有别人的劳动成果。

【例说】世界上没有“鲤鱼跳上船——不劳而获”的事情，一个人要时刻记着通过自己的辛勤劳动去得到自己想要的东西。

临死打哈欠——枉张嘴

【释义】比喻浪费力气，白费功夫。

【例说】他自己的生活都非常困难，你也别想着再向他借钱，否则的话那也只能是“临死打哈欠——枉张嘴”。

吝啬鬼天天捡钱还嫌少——不知足

【释义】不知道满足，也比喻贪得无厌。

【例说】已成年的小李总是向父母要钱花，而且越要越多，真是“吝啬鬼天天捡钱还嫌少——不知足”。

临阵磨枪——不快不光

【释义】比喻事到临头才匆忙准备。

【例说】小明考试前才知道看书，爸爸说：“你这是‘临阵磨枪——不快不光’，这样怎么能考到好成绩呢？”

六月的扇子——爱生风

【释义】比喻某人喜欢招惹是非，常常引起事端。

【例说】小萍这人就是“六月的扇子——

ài shēng fēng yǔ tā dǎ jiāo dào yào xiǎo xīn diǎn er
爱生风”，与她打交道要小心点儿。

liú bèi sān shàng wò lóng gǎng jiù qǐng nǐ zhè ge zhū gě liàng
刘备三上卧龙岗——就请你这个诸葛亮

shì yì zhǐ zhēn xīn chéng yì yí zài yāo qǐng yǒu zhuān cháng de xián rén
【释义】指真心诚意，一再邀请有专长的贤人。

lì shuō xiǎo lǐ duì yú wáng jīng lǐ de yāo qǐng měi cì dōu shì wǎn yán jù jué wáng jīng lǐ shuō wǒ zhè jiào liú bèi sān shàng wò lóng gǎng jiù qǐng nǐ zhè ge zhū gě liàng
【例说】小李对于王经理的邀请每次都是婉言拒绝，王经理说：“我这叫‘刘备三上卧龙岗——就请你这个诸葛亮’。”

典故

liú bèi sān shàng wò lóng gǎng
刘备三上卧龙岗

dōng hàn mò nián qún xióng fēn qǐ zhēng duó tiān xià liú bèi tún jūn yú xīn yě
东汉末年，群雄纷起争夺天下，刘备屯军于新野。

liú bèi tīng shuō zhū gě liàng yǒu xué shí yòu yǒu cái néng biàn hé
刘备听说诸葛亮有学识，又有才能，便和
guān yǔ zhāng fēi dài zhe lǐ wù lái dào zhū gě liàng de zhù chù lóng
关羽、张飞带着礼物来到诸葛亮的住处——隆
zhōng wò lóng gǎng jié guǒ shì méi jiàn dào zhū gě liàng sǎo xìng ér guī
中卧龙岗，结果是没见到诸葛亮，扫兴而归。

bù jiǔ liú bèi yòu hé guān yǔ zhāng fēi mào zhe dà fēng dà xuě
不久，刘备又和关羽、张飞冒着大风大雪
dì èr cì qù qǐng zhū gě liàng jié guǒ réng shì méi yǒu jiàn dào tā
第二次去请诸葛亮，结果仍是没有见到他。

guò le yì xiē shí hou liú bèi chī le sān tiān sù xǐ le zǎo
过了一些时候，刘备吃了三天素，洗了澡，
huàn le yī fu zài qù qǐng zhū gě liàng zhè yí cì zhū gě liàng zhèng
换了衣服，再去请诸葛亮。这一次，诸葛亮正
zài shuì jiào liú bèi bù gǎn jīng dòng biàn gōng jìng de zhàn zài tái jiē xià
在睡觉，刘备不敢惊动，便恭敬地站在台阶下
děng zhe tā xǐng lai zhū gě liàng jiàn liú bèi yǒu zhì wèi guó xiào lì
等着他醒来。诸葛亮见刘备有志为国效力，
ér qiě chéng kěn de qǐng tā bāng zhù biàn dā ying le tā de qǐng qiú hé
而且诚恳地请他帮助，便答应了他的请求，和
liú bèi guān yǔ zhāng fēi yì tóng lái dào xīn yě
刘备、关羽、张飞一同来到新野。

liú bèi duì kǒngmíng yán tīng jì cóng
刘备对孔明——言听计从

shì yì bié ren shuō de huà hé chū de zhǔ yi dōu cǎi nà zhào
【释义】别人说的话和出的主意都采纳照
bàn yě xíng róng duì mǒu rén shí fēn xìn rèn
办，也形容对某人十分信任。

lì shuō zài xué xiào li wǒ men dōu tīng lǎo shī de nà jiǎn
【例说】在学校里我们都听老师的，那简

zhí shì liú bèi duì kǒng míng yán tīng jì cóng
直是“刘备对孔明——言听计从”。

典故

yán tīng jì cóng
言听计从

gōng yuán nián liú bèi sān gù máo lú huì jiàn zhū gě
公元207年，刘备“三顾茅庐”，会见诸葛
liàng wèn tā tǒng yī tiān xià de dà jì zhū gě liàng jīng pì de fēn xī
亮，问他统一天下的大计，诸葛亮精辟地分析
le dāng shí de xíng shì tí chu le shǒu xiān duó qǔ jīng zhōu hé yì zhōu
了当时的形势，提出了首先夺取荆州和益州
zuò wéi gēn jù dì duì nèi gǎi gé zhèng
作为根据地，对内改革政
zhì duì wài lián hé sūn quán nán fǔ yí
治，对外联合孙权，南抚夷
yuè xī hé zhū róng děng
越，西和诸戎，等
dài shí jī cóng ér tǒng yī
待时机从而统一
quán guó de zhàn lüè sī
全国的战略思
xiǎng liú bèi tīng le
想。刘备听了
zhū gě liàng zhè yì
诸葛亮这一
fān jīng pì tòu chè
番精辟透彻
de fēn xī sī xiǎng
的分析，思想

huò rán kāi lǎng yú shì kěn qiè de qǐng zhū gě liàng chū shān bāng zhù
豁然开朗。于是恳切地请诸葛亮出山，帮助
tā wán chéng xīng fù hàn shì de dà yè
他完成兴复汉室的大业。

zhū gě liàng yú wēi nàn zhī jì fǔ zuǒ liú bèi ér liú bèi duì
诸葛亮于危难之际辅佐刘备，而刘备对
kǒng míng jūn shī zé shì yán tīng jì cóng jūn chén hé lì chéng jiù le sān
孔明军师则是言听计从，君臣合力成就了三
fēn tiān xià jū qí yī de dà yè kǒng míng yě yíng dé le qiān gǔ zhì
分天下居其一的大业，孔明也赢得了千古智
shèng de měi míng
圣的美名。

lóngwáng yé de pí qi mō bú tòu
龙王爷的脾气——摸不透

shì yì xíng róng mǒu gè rén de xìng qíng hěn nán liǎo jiě
【释义】形容某个人的性情很难了解。

lì shuō tā zhè rén zhēn shi lóng wáng yé de pí qi
【例说】他这人真是“龙王爷的脾气——
mō bú tòu wǒ yě bù zhī dào rú hé yǔ tā xiāng chǔ
摸不透”，我也不知道如何与他相处。

lǚ bù xì diāo chán shàng le bié ren de dàng
吕布戏貂蝉——上了别人的当

shì yì bǐ yù bèi bié ren qī piàn
【释义】比喻被别人欺骗。

lì shuō lǎo wáng tōng guò zhōng jiè gōng sī mǎi le yí gè wēi fáng
【例说】老王通过中介公司买了一个危房，
zhēn shi lǚ bù xì diāo chán shàng le bié ren de dàng
真是“吕布戏貂蝉——上了别人的当”。

典故

吕布戏貂蝉

话说董卓强迫汉献帝建都长安后，把吕布视作心腹。司徒王允便想利用舞女貂蝉，离间董卓与吕布的关系，让吕布除掉董卓。

王允先向吕布献了一顶金冠，随后又安排吕布与美女貂蝉相见，吕布当即与貂蝉定下终身。不久，王允又宴请董卓，将貂蝉献给董卓。过了几天，吕布借口董卓生病来看貂蝉。突然，

董卓醒来，大骂道：“你敢调戏我的爱妾？”此后，董卓对吕布越来越疏远。

王允见了吕布，用激将法使他下定杀死董卓的决心。

鲁班门前耍大斧——不识高低

【释义】比喻说话、做事情不知深浅、轻重。

【例说】他今天在你面前还说这样的大话，真是“鲁班门前耍大斧——不识高低”。

鲁班门前耍大斧

鲁班，又叫公输般，传说他有极高的建筑和雕刻技术，被尊为木匠祖师。他在凉州造过一座塔，曾用木料刻制成凤凰。这只凤凰不但

shēn shang yǒu gè zhǒng hǎo kàn de yán sè ér qiě néng gòu zài kōng zhōng fēi xiáng
身上有各种好看的颜色，而且能够在空中飞翔
sān tiān dōu diào bú xià lái tā hái céng yòng shí tou zhì chéng dà yǔ jiǔ zhōu
三天都掉不下来。他还曾用石头制成大禹九州
tú kě yǐ shuō tā shì wǒ guó gǔ dài yí wèi jié chū de néng gōng qiǎo jiàng
图，可以说他是我国古代一位杰出的能工巧匠。

míng cháo jìn shì méi zhī huàn píng diào cǎi shí jī páng lǐ bái de fén
明朝进士梅之涣凭吊采石矶旁李白的坟
mù kàn jian mù qián kě yǐ xiě zì de dì fang dōu bèi rén xiě mǎn le
墓，看见墓前可以写字的地方，都被人写满了
shī jù tā xiǎng lǐ bái shì yí dài dà shī rén jìng yǒu rén zài tā
诗句。他想：李白是一代大诗人，竟有人在他
fén qián liú xia bìng bù měi hǎo de shī jù shí
坟前留下并不美好的诗句，实
zài yǒu diǎn kě xiào yú shì
在有点可笑，于是
tā lì jí tí le yì shǒu
他立即题了一首
shī cǎi shí jiāng biān
诗："采石江边
yì duī tǔ lǐ bái
一堆土，李白
zhī míng gāo qiān gǔ
之名高千古；
lái lái wǎng wǎng yì
来来往往一
shǒu shī lǔ
首诗，鲁
bān mén qián shuǎ
班门前耍
dà fǔ
大斧。"

mǎ yǐ tuō huángchóng qí xīn hé lì

蚂蚁拖蝗虫——齐心合力

shì yì xíng róng rèn shi yí zhì gòng tóng nǔ lì qù zuò shì qing

【释义】形容认识一致，共同努力去做事情。

lì shuō zhù lù gōng rén men mǎ yǐ tuō huángchóng qí xīn hé lì de gōng zuò zhe zhǐ yòng yì tiān shí jiān jiù bǎ dào lù xiū hǎo le

【例说】筑路工人们“蚂蚁拖蝗虫——齐心合力”地工作着，只用一天时间就把道路修好了。

mǎ tǒng shang chā hé huā tú wài miàn hǎo kàn

马桶上插荷花——图外面好看

shì yì dōng xi hǎo kàn què méi shén me yòng chu xíng róng xū yǒu qí biǎo

【释义】东西好看却没什么用处，形容虚有其表。

lì shuō mǎi zhè me guì de zhuāng shì pǐn fàng zài jiā li yě jiù shì mǎ tǒng shang chā hé huā tú wài miàn hǎo kàn

【例说】买这么贵的装饰品放在家里，也就是“马桶上插荷花——图外面好看”。

mài ròu de qiē dòu fu bú zài huà xià
卖肉的切豆腐——不在话下

shì yì zhǐ shì wù qīng wēi huò zhě suǒ bàn de shì fēi cháng róng yì zuò dào bù zhí de yì tí
【释义】指事物轻微，或者所办的事非常容易做到，不值得一提。

lì shuō wǒ wèi nǐ zuò de nà diǎn shì jiǎn zhí shì mài ròu de qiē dòu fu bú zài huà xià bú yào zǒng tí xiè zì le
【例说】我为你做的那点事简直是“卖肉的切豆腐——不在话下”，不要总提谢字了。

máng rén chī tāng wán xīn zhōng yǒu shù
盲人吃汤丸——心中有数

shì yì bǐ yù duì qíng kuàng hěn liǎo jiě xīn li yǒu dǐ
【释义】比喻对情况很了解，心里有底。

lì shuō nǐ yīng gāi cháng dào yī yuàn zuò shēn tǐ jiǎn chá yǐ biàn yú duì zì jǐ de jiàn kāng zhuàng kuàng zuò dào máng rén chī tāng wán xīn zhōng yǒu shù
【例说】你应该常到医院做身体检查，以便于对自己的健康状况做到“盲人吃汤丸——心中有数”。

máng rén mō xiàng gè zhí jǐ jiàn
盲人摸象——各执己见

shì yì bǐ yù měi gè rén dōu zhǐ jiān chí zì jǐ de yì jiàn
【释义】比喻每个人都只坚持自己的意见。

lì shuō tǎo lùn huì shang měi gè rén dōu shì máng rén mō xiàng gè zhí jǐ jiàn
【例说】讨论会上，每个人都是“盲人摸象——各执己见”。

典故

máng rén mō xiàng

盲人摸象

cóng qián yìn dù yǒu yí wèi guó wáng hěn lè yì bāng zhù bié ren
从前，印度有一位国王，很乐意帮助别人。
yǒu yì tiān jǐ gè máng rén lái dào wáng gōng qiú jiàn guó wáng shuō xiǎng yào
有一天，几个盲人来到王宫求见国王，说想要
mō yì mō dà xiàng guó wáng dā ying le tā men de qǐng qiú
摸一摸大象，国王答应了他们的请求。

guò le yí huì er guó wáng
过了一会儿，国王
wèn nǐ men zhī dào dà xiàng shì
问："你们知道大象是
shén me yàng zi le ma mō
什么样子了吗？"摸
dào dà xiàng bí zi de rén
到大象鼻子的人
shuō dà xiàng xiàng yì gēn
说："大象像一根
guǎn zi mō dào dà xiàng
管子。"摸到大象
ěr duo de rén máng shuō
耳朵的人忙说：
bú duì xiàng yì bǎ shàn
"不对，像一把扇
zi mō dào dà xiàng yá
子。"摸到大象牙
de rén shuō xiàng yì gēn dà luó
的人说："像一根大萝

bo mō dào dà xiàng shēn zi de rén shuō dà xiàng míng míng xiàng yì
卜！”摸到大象身子的人说：“大象明明像一
dǔ qiáng ma mō dào dà xiàng tuǐ de rén dào wǒ rèn wéi dà xiàng jiù
堵墙嘛。”摸到大象腿的人道：“我认为大象就
xiàng yì gēn zhù zi ér zhuā dào dà xiàng wěi ba de rén shuō nǐ men
像一根柱子。”而抓到大象尾巴的人说：“你们
dōu cuò le dà xiàng huó xiàng yì gēn shéng zi máng rén men shéi yě bù
都错了！大象活像一根绳子。”盲人们谁也不
fú shéi dōu rèn wéi zì jǐ méi cuò
服谁，都认为自己没错。

máo kēng li rēng zhà dàn jī qǐ mín fèn fèn
茅坑里扔炸弹——激起民粪(愤)

shì yì zhǐ zuò le yí jiàn bù hé shì de shì qing jié guǒ
【释义】指做了一件不合适的事情，结果
jī qǐ le dà jiā de qì fèn
激起了大家的气愤。

lì shuō wèn tí yǐ jīng chū lai le jiù yào xiàng dà jiā hǎo
【例说】问题已经出来了，就要向大家好
hāo er de jiě shì yí xià bìng xiǎng bàn fǎ jiě jué bù rán de huà zhǐ
好儿地解释一下并想办法解决，不然的话只
huì máo kēng li rēng zhà dàn jī qǐ mín fèn fèn
会“茅坑里扔炸弹——激起民粪(愤)”。

méi gǔ jià de sǎn zhī chēng bú zhù
没骨架的伞——支撑不住

shì yì zhǐ jiān chí bú xià qù le
【释义】指坚持不下去了。

lì shuō yí gè gōng sī néng gòu zhèng cháng yùn zhuǎn de qián tí jiù
【例说】一个公司能够正常运转的前提就

shì yào néng bú duàn de zhuàn qián fǒu zé de huà nà jiù shì méi gǔ jià
是要能不断地赚钱，否则的话那就是“没骨架
de sǎn zhī chēng bú zhù
的伞——支撑不住”。

méi yǒu guī ju bù chéng fāng yuán
没有规矩——不成方圆

shì yì xíng róng yán yǔ xíng dòng méi yǒu guī ju bù chéng yàng zi
【释义】形容言语行动没有规矩，不成样子。

lì shuō zài rèn hé yí gè jí tǐ zhōng dōu yào yǒu zhì dù xìng
【例说】在任何一个集体中都要有制度性
de dōng xi zhèng suǒ wèi méi yǒu guī ju bù chéng fāng yuán
的东西，正所谓“没有规矩——不成方圆”。

mù jiang de bào zi ài dǎ bào bù píng
木匠的刨子——爱打抱不平

shì yì yù jian bù gōng píng de shì xǐ huan tǐng shēn ér chū
【释义】遇见不公平的事，喜欢挺身而出，
bāng zhù shòu qī fu de yì fāng
帮助受欺负的一方。

lì shuō tā zhè ge rén jiù shì mù jiang de bào zi
【例说】他这个人就是“木匠的刨子——
ài dǎ bào bù píng
爱打抱不平”。

mù tou rén shēng chuāng bú tòng bù yǎng
木头人生疮——不痛不痒

shì yì bǐ yù bú chù jí shí zhì bú qiè zhòng yào hài bù
【释义】比喻不触及实质，不切中要害，不

能解决问题。

【例说】像这种“木头人生疮——不痛不痒”的批评，对他根本不起作用。

摸着石头过河——稳扎稳打

【释义】比喻做事稳当而有把握。

【例说】理财的头脑一定要清醒，理财的方案要本着“摸着石头过河——稳扎稳打”的原则。

拿着草帽当锅盖——乱扣帽子

【释义】比喻一个人在不问明原因的情况

xià jiù bǎ guò shī guī zuì dào mǒu gè rén shēn shang
下就把过失归罪到某个人身上。

lì shuō chū xiàn le wèn tí jiù yào chá míng yuán yīn nòng qīng
【例说】出现了问题就要查明原因，弄清
chu shéi gāi wèi cǐ shì fù zé rèn bù néng ná zhe cǎo mào dàng guō gài
楚谁该为此事负责任，不能“拿着草帽当锅盖
luàn kòu mào zi
——乱扣帽子”。

nán yuán běi zhé yuè zǒu yuè yuǎn
南辕北辙——越走越远

shì yì cháo xiāng fǎn de fāng xiàng pǎo qu huò bèi lí zhèng què
【释义】朝相反的方向跑去，或背离正确
de mù biāo bǐ yù fāng xiàng hé mù dì wán quán xiāng fǎn
的目标。比喻方向和目的完全相反。

lì shuō yào xiǎng péi yǎng hái zi liáng hǎo de pǐn dé chú le
【例说】要想培养孩子良好的品德，除了
yào yòng yǔ yán jiào yù gèng zhòng yào de shì yào yòng zì jǐ de shí jì
要用语言教育，更重要的是要用自己的实际
xíng dòng zuò chu biǎo shuài fǒu zé de huà zhǐ huì nán yuán běi zhé
行动做出表率，否则的话，只会“南辕北辙——
yuè zǒu yuè yuǎn
越走越远”。

nán yuán běi zhé
南辕北辙

yǒu yì huí jì liáng zǒu zài zhào guó dì yù shang de tài háng shān
有一回，季梁走在赵国地域上的太行山

xià shí yù dào le yí gè rén shuō yào dào chǔ guó qù dàn shì tā què
下时，遇到了一个人说要到楚国去，但是他却
chéng zhe yí liàng yóu nán xiàng běi xíng shǐ de mǎ chē
乘着一辆由南向北行驶的马车。

jì liáng jué de tā zǒu de fāng xiàng bú duì biàn shuō chǔ guó
季梁觉得他走的方向不对，便说：“楚国
zài nán bian ne nín wèi shén me bù cháo nán zǒu fǎn ér xiàng běi qù ne
在南边呢，您为什么不朝南走反而向北去呢？”

nà chéng chē rén huí dá shuō méi guān xi wǒ de mǎ pǎo de kuài
那乘车人回答说：“没关系，我的马跑得快！”

jì liáng shuō nǐ de mǎ pǎo de zài kuài kě nǐ zǒu de fāng
季梁说：“你的马跑得再快，可你走的方
xiàng bú duì yě bù néng dào chǔ guó ya
向不对，也不能到楚国呀。”

nà chéng chē rén yòu dào bú pà wǒ dài de lù fèi duō
那乘车人又道：“不怕，我带的路费多。”

jì liáng shuō nǐ de lù fèi duō yòu yǒu shén me yòng ne zhè
季梁说：“你的路费多又有什么用呢？这
què shí bú shì qù chǔ guó de lù ya
确实不是去楚国的路呀！”

nà chéng chē rén jiān chí zhe yào wǎng běi qù bìng shuō wǒ de chē fū gǎn chē de běn
那乘车人坚持着要往北去，并说：“我的车夫赶车的本

领高！”

季梁说：“你的这些条件再好，如果朝北去，离楚国也只能是越走越远呀！”

南郭先生吹竽——滥竽充数

【释义】不会吹竽的人混在吹竽的队伍里面，比喻没有本领冒充有本领，次货冒充好货。

【例说】把没有合格的商品放到好商品的货架上，简直就是“南郭先生吹竽——滥竽充数”。

滥竽充数

战国时代，齐宣王喜欢听吹竽，而且每次总是叫三百人同时吹。有一个姓南郭的人并不会吹竽，但因为齐宣王是叫三百个人同时

chuī de yú shì tā mào chōng chuī yú de néng
吹的，于是，他冒充吹竽的能
shǒu qǐng qiú cān jiā le zhè ge chuī yú de duì wu
手，请求参加了这个吹竽的队伍。
dāng dà jiā cóng yú de huáng yǎn li chuī chu
当大家从竽的簧眼里吹出
měi miào de yuè shēng shí nán guō xiān
美妙的乐声时，南郭先
sheng yě hé bié ren yí yàng
生也和别人一样
ná zhe yú chuī zhuāng zuò
拿着竽吹，装作
yě chuī chu le dòng tīng
也吹出了动听
de yīn yuè
的音乐。
hòu lái qí xuān wáng
后来齐宣王
sǐ le tā de ér zi jì
死了，他的儿子继
chéng le wáng wèi chēng zuò mǐn
承了王位，称作湣
wáng mǐn wáng réng xǐ huan tīng chuī yú dàn tā xǐ huan tīng yí gè rén
王。湣王仍喜欢听吹竽，但他喜欢听一个人
dān dú chuī zhè shí nán guō xiān sheng liào dào méi yǒu fǎ zi zài mào
单独吹。这时，南郭先生料到没有法子再冒
chōng chuī yú de néng shǒu jiù lián yè táo zǒu le
充吹竽的能手，就连夜逃走了。

ní rén jīn bu qǐ yǔ dǎ běn zhì tài chà
泥人禁不起雨打——本质太差

shì yì zhǐ jīng guò shí jiān de mó liàn bù hǎo de běn xìng
【释义】指经过时间的磨炼，不好的本性

hé pǐn xíng jiù huì bào lù chu lai
和品行就会暴露出来。

lì shuō xiǎo lǐ gěi dà jiā de dì yī yìn xiàng hěn hǎo yǔ
【例说】小李给大家的第一印象很好，与
tā jiāo wǎng hòu cái zhī dào xiǎo lǐ shì gè hú jiǎo mán chán de rén lín
他交往后才知道小李是个胡搅蛮缠的人，邻
jū men dōu shuō tā shì ní rén jīn bu qǐ yǔ dǎ běn zhì tài chà
居们都说他是“泥人禁不起雨打——本质太差”。

ní niú rù hǎi yǒu qù wú huí
泥牛入海——有去无回

shì yì ní sù de niú diào dào hǎi li zài yě huí bù lái
【释义】泥塑的牛掉到海里，再也回不来
le bǐ yù dōng xi yí qù bú zài huí lai
了。比喻东西一去不再回来。

lì shuō bǎ qián jiè gěi bù shǒu xìn yòng de rén jié guǒ zhǐ
【例说】把钱借给不守信用的人，结果只
néng shì ní niú rù hǎi yǒu qù wú huí
能是“泥牛入海——有去无回”。

ní pú sà guò hé zì shēn nán bǎo
泥菩萨过河——自身难保

shì yì zì jǐ bǎo bú zhù zì jǐ tōng cháng xíng róng bèi qiú
【释义】自己保不住自己。通常形容被求
zhù de rén zì jǐ dōu méi yǒu néng lì jiě jué zì jǐ de wèn tí
助的人自己都没有能力解决自己的问题。

lì shuō zhè ge máng wǒ shí zài shì bāng bù liǎo nǐ wǒ zì
【例说】这个忙我实在是帮不了你，我自
jǐ xiàn zài dōu shì ní pú sà guò hé zì shēn nán bǎo
己现在都是“泥菩萨过河——自身难保”。

nì shuǐ xíng zhōu bú jìn zé tuì

逆水行舟——不进则退

shì yì zhǐ yí gè rén de chǔ jìng bù qián jìn jiù huì hòu tuì

【释义】指一个人的处境不前进就会后退。

lì shuō xué wài yǔ bì xū jiān chí yí kè yě fàng sōng bu de fǒu zé de huà zhǐ huì nì shuǐ xíng zhōu bú jìn zé tuì

【例说】学外语必须坚持，一刻也放松不得，否则的话只会“逆水行舟——不进则退”。

ní gū de mù shū duō yú

尼姑的木梳——多余

shì yì bǐ yù méi bì yào yǒu de dōng xi

【释义】比喻没必要有的东西。

lì shuō zhè piān wén zhāng de zuì hòu yí duàn jiǎn zhí jiù shì ní gū de mù shū duō yú

【例说】这篇文章的最后一段简直就是“尼姑的木梳——多余”。

niú nǎi bàn mò zhī hùn xiáo hēi bái

牛奶拌墨汁——混淆黑白

shì yì hùn zá bù qīng shǐ jiè xiàn mó hu bǐ yù gù yì diān dǎo hēi bái zhì zào hùn luàn shǐ rén biàn bié bù qīng

【释义】混杂不清，使界限模糊。比喻故意颠倒黑白，制造混乱，使人辨别不清。

lì shuō bàn àn zi de shí hou yí dìng yào gōng zhèng yán míng jué bù néng niú nǎi bàn mò zhī hùn xiáo hēi bái

【例说】办案子的时候一定要公正严明，决不能“牛奶拌墨汁——混淆黑白”。

niú tóu bú duì mǎ zuǐ —— hú lā hú chě

牛头不对马嘴——胡拉胡扯

shì yì zuò shì qing shuō huà qián hòu bù dā

【释义】做事情、说话前后不搭。

lì shuō xiǎo lǐ zhè ge rén shuō huà zǒng shì niú tóu bú duì mǎ zuǐ hú lā hú chě

【例说】小李这个人说话总是“牛头不对马嘴——胡拉胡扯”。

niú láng yuē zhī nǚ —— hòu huì yǒu qī

牛郎约织女——后会有期

shì yì yǐ hòu huì yǒu jiàn miàn de shí hou duō yòng zài fēn bié de shí hou cháng zuò ān wèi duì fāng yòng yǔ

【释义】以后会有见面的时候，多用在分别的时候，常做安慰对方用语。

lì shuō tóng xué jù huì jié shù hòu xiǎo míng liàn liàn bù shě de duì tóng xué shuō zán men niú láng yuē zhī nǚ hòu huì yǒu qī dà jiā dōu bú yào tài shāng gǎn le

【例说】同学聚会结束后，小明恋恋不舍地对同学说：“咱们‘牛郎约织女——后会有期’，大家都不要太伤感了。”

niú láng yuē zhī nǚ

牛郎约织女

xiāng chuán zài hěn zǎo yǐ qián nán yáng chéng xī niú jiā zhuāng li yǒu gè cōng míng zhōng hòu de xiǎo huǒ zi fù mǔ zǎo wáng yǔ yì tóu niú

相传在很早以前，南阳城西牛家庄里有个聪明、忠厚的小伙子，父母早亡，与一头牛相依为命。

一天，天上的织女和其他的仙女一起下凡在河里洗澡，牛郎在老牛的帮助下认识了织女，二人互生情意，后来织女便偷偷下凡，来到人间，做了牛郎的妻子。牛郎和织女结婚后，情深意重，生了两个孩子，家庭非常幸福。

王母娘娘知道后，把织女带回了天庭。牛郎在老牛的帮助下，挑着一对儿女上天去追织女。没想到，王母娘娘拔下头上的金簪往他们中间一划，一条天河横在了织女和牛郎之间。从此，牛郎和织女两人便只能隔河遥遥相望了。

后来王母娘娘允许他们每年的农历七月七日相见一次。

O

ǒu chǎohuáng dòu wú kǒng bú rù
藕炒黄豆——无孔不入

shì yì yǒu kòng zi jiù zuān bǐ yù yì yǒu jī huì jiù bú
【释义】有空子就钻，比喻一有机会就不
fàng guò
放过。

lì shuō xué xí zhōng yù dào le nán tí jiù yào yǒu ǒu chǎo
【例说】学习中遇到了难题，就要有“藕炒
huáng dòu wú kǒng bú rù de jīng shén yào xiǎng jìn yí qiè bàn fǎ
黄豆——无孔不入”的精神，要想尽一切办法
lái jiě jué nán tí
来解决难题。

ǒu fěn zhǔ cí bā hú li hú tu
藕粉煮糍粑——糊里糊涂

shì yì bǐ yù duì shì wù de rèn
【释义】比喻对事物的认
shi mó hu hùn luàn bù míng shì lǐ
识模糊、混乱，不明事理。

lì shuō xiǎo míng kǎo shì shí jīng cháng
【例说】小明考试时经常
shì ǒu fěn zhǔ cí bā hú li hú tu
是“藕粉煮糍粑——糊里糊涂”
de suǒ yǐ tā de chéng jì yì zhí hěn chà
的，所以他的成绩一直很差。

pá shang mǎ bèi xiǎng fēi shàng tiān hào gāo wù yuǎn

爬上马背想飞上天——好高骛远

shì yì bǐ yù bú qiè shí jì de zhuī qiú guò gāo guò yuǎn de mù biāo

【释义】比喻不切实际地追求过高、过远的目标。

lì shuō lǐ xiǎng yào yí bù bù de shí xiàn bù néng pá shang mǎ bèi xiǎng fēi shàng tiān hào gāo wù yuǎn

【例说】理想要一步步地实现，不能“爬上马背想飞上天——好高骛远”。

pǎo le hé shang pǎo bù liǎo miào qǐng nǐ fàng xīn

跑了和尚跑不了庙——请你放心

shì yì zhǐ zòng rán yì shí néng duǒ diào dàn yóu yú qí tā wú fǎ bǎi tuō de qiān lěi zuì hòu hái shi wú fǎ tuō shēn

【释义】指纵然一时能躲掉，但由于其他无法摆脱的牵累，最后还是无法脱身。

lì shuō dōng xi dōu fàng nǐ zhè lǐ le wǒ néng bù huí lái ma pǎo le hé shang pǎo bù liǎo miào qǐng nǐ fàng xīn

【例说】东西都放你这里了，我能不回来吗，“跑了和尚跑不了庙——请你放心”。

pǎo le yáng xiū juàn fáng bèi hòu lái
跑了羊修圈——防备后来

shì yì bǐ yù chū le wèn tí yǐ hòu xiǎng bàn fǎ bǔ jiù
【释义】比喻出了问题以后想办法补救，
kě yǐ fáng zhǐ jì xù shòu sǔn shī
可以防止继续受损失。

lì shuō suī rán zhè cì sǔn shī bú dà wǒ men hái shi yīng
【例说】虽然这次损失不大，我们还是应
gāi pǎo le yáng xiū juàn fáng bèi hòu lái
该“跑了羊修圈——防备后来”。

典故

wáng yáng bǔ láo
亡羊补牢

cóng qián yǒu rén yǎng le yí juàn yáng yì tiān zǎo chen tā fā xiàn shǎo le yì zhī yáng zǐ xì yì chá yuán lái yáng juàn pò le gè kū long láng jiù shì cóng zhè ge kū long li zuān jin lai de bǎ yáng diāo zǒu le yì zhī
从前，有人养了一圈羊。一天早晨，他发现少了一只羊，仔细一查，原来羊圈破了个窟窿，狼就是从这个窟窿里钻进来的，把羊叼走了一只。

lín jū quàn tā shuō gǎn kuài bǎ yáng juàn xiū yì xiū dǔ shàng
邻居劝他说："赶快把羊圈修一修，堵上
kū long ba nà ge rén bù kěn jiē shòu quàn gào huí dá shuō yáng
窟窿吧！"那个人不肯接受劝告，回答说："羊
yǐ jīng diū le hái xiū yáng juàn gàn shén me
已经丢了，还修羊圈干什么？"

dì èr tiān zǎo shang tā fā xiàn yáng yòu shǎo le yì zhī yuán
第二天早上，他发现羊又少了一只。原
lái láng yòu cóng kū long zhōng zuān jin lai diāo zǒu le yì zhī yáng
来，狼又从窟窿中钻进来，叼走了一只羊。

tā hěn hòu huǐ zì jǐ méi yǒu tīng cóng lín jū de quàn gào biàn
他很后悔自己没有听从邻居的劝告，便
gǎn kuài dǔ shang kū long xiū hǎo le yáng juàn cóng cǐ tā jiā de yáng
赶快堵上窟窿，修好了羊圈。从此，他家的羊
zài yě méi yǒu diū guò
再也没有丢过。

pò guàn zi pò shuāi zì bào zì qì
破罐子破摔——自暴自弃

shì yì bǐ yù zì jǐ qiáo bu qǐ zì jǐ gān yú luò hòu
【释义】比喻自己瞧不起自己，甘于落后
huò duò luò
或堕落。

lì shuō xiǎo lǐ zhè cì kǎo shì méi yǒu kǎo hǎo fù mǔ dōu
【例说】小李这次考试没有考好，父母都
quàn tā qiān wàn bú yào pò guàn zi pò shuāi zì bào zì qì
劝他千万不要"破罐子破摔——自暴自弃"。

pō chu qu de shuǐ shōu bù huí lái
泼出去的水——收不回来

shì yì pō zài dì shang de shuǐ nán yǐ shōu huí bǐ yù shì
【释义】泼在地上的水难以收回，比喻事

qing yǐ jīng chéng dìng jú wú fǎ wǎn huí
情已经成定局，无法挽回。

lì shuō shuō chu qu de huà jiù xiàng pō chu qu de shuǐ
【例说】说出去的话就像“泼出去的水——
shōu bù huí lái suǒ yǐ nǐ shuō huà qián yí dìng yào xiān rèn zhēn de kǎo
收不回来”，所以你说话前一定要先认真地考
lǜ kǎo lǜ
虑考虑。

典故

fù shuǐ nán shōu
覆水难收

fēng shén yǎn yì zhōng jiāng zǐ yá zǎo nián hěn bù dé zhì shēng
《封神演义》中，姜子牙早年很不得志，生
huó pín kùn qī shí èr suì cái yǔ liù shí bā suì de mǎ shì chéng qīn
活贫困，七十二岁才与六十八岁的马氏成亲。
hūn hòu mǎ shì xián tā pín qióng jiù huí dào
婚后，马氏嫌他贫穷，就回到
niáng jia bù jiǔ yòu gǎi jià le
娘家，不久又改嫁了。
hòu lái jiāng
后来，姜
zǐ yá bāng zhù zhōu wén
子牙帮助周文
wáng dǎ bài le shāng zhòu
王打败了商纣
wáng fēn fēng wéi
王，分封为
qí wáng chēng jiāng
齐王，称“姜

太公”。马氏听说后非常后悔。一天，马氏在路上拦住姜太公，叩头要求恢复夫妻关系。姜太公让人端来一盆水，泼到地上，然后叫马氏把水收回盆里。

马氏当然无法做到，姜太公说：“你既然离开了我，另嫁他人，那我们就很难重归于好了。这就像泼在地上的水，已难于收回了。”

千里送鹅毛——礼轻情意重

【释义】比喻送的礼物虽然很轻，但是代表的情谊却很深厚。

【例说】小丽要过生日了，她的好朋友从远方寄来了一张生日贺卡，这真是“千里送鹅毛——礼轻情意重”。

典故

qiān lǐ sòng é máo

千里送鹅毛

táng cháo zhēn guàn nián jiān yún nán dì fāng guān miǎn shì wèi le biǎo
唐朝贞观年间，云南地方官缅氏为了表
shì duì táng wáng cháo de yōng dài zài xīn nián qián tè bié ràng miǎn bó gāo
示对唐王朝的拥戴，在新年前，特别让缅伯高
dài shang yì zhī dà bái é qù cháng ān jiàn táng
带上一只大白鹅去长安见唐
tài zōng
太宗。

yì tiān miǎn bó gāo zǒu dào miǎn yáng hú
一天，缅伯高走到沔阳湖
biān tīng jian bái é jiào shēng sī yǎ biàn bǎ
边，听见白鹅叫声嘶哑，便把
tā tuō dào hú biān qù yǐn shuǐ bú liào bái
它拖到湖边去饮水。不料白
é zhǎn chì gāo fēi miǎn bó
鹅展翅高飞，缅伯
gāo huāng luàn zhōng zhǐ zhuā zhù le
高慌乱中只抓住了
yì gēn é máo miǎn bó gāo
一根鹅毛。缅伯高
wàng zhe yuǎn qù de bái é gǎn
望着远去的白鹅，感
jué zì jǐ jìn tuì liǎng nán tā
觉自己进退两难，他
bǎ nà gēn é máo yòng jǐn duàn bāo
把那根鹅毛用锦缎包

hǎo bìng zài chóu duàn shang tí xiě le lǐ qīng qíng yì zhòng qiān lǐ sòng
好，并在绸缎上题写了“礼轻情意重，千里送
é máo zuì hòu tā bǎ bāo hǎo de é máo sòng gěi le táng tài zōng
鹅毛”。最后他把包好的鹅毛送给了唐太宗。

táng tài zōng jiàn hòu dà wéi gǎn dòng bù jǐn méi yǒu zé bèi miǎn
唐太宗见后，大为感动，不仅没有责备缅
bó gāo hái xiàng tā huí zèng le zhōng yuán de tè chǎn
伯高，还向他回赠了中原的特产。

qiáng shang de rì lì yì tiān bǐ yì tiān shǎo
墙上的日历——一天比一天少

shì yì xíng róng yí gè shì wù suí zhe shí jiān de tuī yí màn
【释义】形容一个事物随着时间的推移慢
màn de jiǎn shǎo
慢地减少。

lì shuō qiū tiān dào le shù zhī shang de yè zi yǐ jīng shì
【例说】秋天到了，树枝上的叶子已经是
qiáng shang de rì lì yì tiān bǐ yì tiān shǎo le
“墙上的日历——一天比一天少”了。

qiáng shang huà dà bǐng zhōng kàn bù zhōng chī
墙上画大饼——中看不中吃

shì yì bǐ yù wài biǎo suī rán hǎo kàn què méi yǒu shǐ yòng
【释义】比喻外表虽然好看，却没有使用
jià zhí
价值。

lì shuō tā shēn cái gāo dà hái yǐ wéi tā hěn yǒu lì qi
【例说】他身材高大，还以为他很有力气
ne shì shí shang tā shì qiáng shang huà dà bǐng zhōng kàn bù zhōng chī
呢，事实上他是“墙上画大饼——中看不中吃”。

qì chē shang de lǎ ba bú yòng chuī

汽车上的喇叭——不用吹

shì yì zhǐ fēi cháng yǒu shí lì ér méi bì yào chuī xū

【释义】指非常有实力而没必要吹嘘。

lì shuō zhēn zhèng de hǎo dōng xi shì jīn de qǐ shì chǎng jiǎn yàn de zhǐ yào nǐ de shāng pǐn hǎo qì chē shang de lǎ ba bú yòng chuī zhào yàng huì yǒu hěn duō rén mǎi nǐ de shāng pǐn

【例说】真正的好东西是禁得起市场检验的，只要你的商品好，“汽车上的喇叭——不用吹”，照样会有很多人买你的商品。

qǐ zhòng jī diào jī máo bú fèi chuī huī zhī lì

起重机吊鸡毛——不费吹灰之力

shì yì xíng róng bǎ yí jiàn shì qing jiāo gěi jīng tōng cǐ shì de rén jiù néng qīng ér yì jǔ de wán chéng

【释义】形容把一件事情交给精通此事的人，就能轻而易举地完成。

lì shuō ràng yí gè bó shì shēng fǔ dǎo xiǎo xué shēng de shù xué kè nà jiù shì qǐ zhòng jī diào jī máo bú fèi chuī huī zhī lì

【例说】让一个博士生辅导小学生的数学课，那就是“起重机吊鸡毛——不费吹灰之力”。

qǐ zhòng jī diào dēng cǎo bù zhí yì tí

起重机吊灯草——不值一提

shì yì shì wù wēi xiǎo de bù zhí yì tí yě yǒu dà cái xiǎo yòng de yì si

【释义】事物微小得不值一提，也有大材小用的意思。

lì shuō wǒ bāng nǐ bàn de zhè diǎn shì qing jiǎn zhí shì qǐ

【例说】我帮你办的这点事情，简直是“起

zhòng jī diào dēng cǎo bù zhí yì tí
重机吊灯草——不值一提”。

qí bīng dǎ shèng zhàng mǎ dào chéng gōng
骑兵打胜仗——马到成功

shì yì xíng róng shì qing bàn de hěn shùn lì hěn kuài jiù qǔ
【释义】形容事情办得很顺利，很快就取
dé le shèng lì duō yòng yú zhù fú yǔ
得了胜利。多用于祝福语。

lì shuō xiǎo péng jiù yào cān jiā bǐ sài le tóng xué men dōu
【例说】小鹏就要参加比赛了，同学们都
lái zhù wēi xī wàng tā qí bīng dǎ shèng zhàng mǎ dào chéng gōng
来助威，希望他“骑兵打胜仗——马到成功”。

qí lǘ kàn chàng běn zǒu zhe qiáo
骑驴看唱本——走着瞧

shì yì zhǐ děng guò yí duàn shí jiān zài xià jié lùn cái néng
【释义】指等过一段时间再下结论，才能
jiàn fēn xiǎo
见分晓。

lì shuō zhǐ píng yí cì yán zhòng de cuò wù wáng lǎo shī jiù
【例说】只凭一次严重的错误，王老师就
duàn dìng xiǎo lù jiāng lái chéng jiù bù liǎo
断定小路将来成就不了
dà shì xiǎo lù bù fú qì xīn
大事。小路不服气，心
li xiǎng zán qí lǘ kàn chàng běn
里想：咱“骑驴看唱本
zǒu zhe qiáo
——走着瞧”。

qí huángōng de lǎo mǎ —— mí tú zhī fǎn
齐桓公的老马——迷途知返

shì yì mí le lù zhī dào huí lai bǐ yù fā jué zì jǐ fàn le cuò wù zhī dào jí shí gǎi zhèng

【释义】迷了路知道回来。比喻发觉自己犯了错误，知道及时改正。

lì shuō wáng péng fàn le cuò jí shí de xiàng lǎo shī chéng rèn cuò wù bìng bǎo zhèng yǐ hòu yí dìng huì gǎi zhèng lǎo shī shuō tā shì qí huán gōng de lǎo mǎ mí tú zhī fǎn

【例说】王鹏犯了错，及时地向老师承认错误，并保证以后一定会改正，老师说他是“齐桓公的老马——迷途知返”。

mí tú zhī fǎn
迷途知返

chūn qiū shí dài shān róng guó qīn fàn yān guó qí huán gōng dài bīng qù yuán jiù dǎ xia le shān róng de dū chéng

春秋时代，山戎国侵犯燕国，齐桓公带兵去援救，打下了山戎的都城。

shān róng qǐng gū zhú guó pài bīng bāng zhù bào chóu yě bèi qí guó jūn

山戎请孤竹国派兵帮助报仇，也被齐国军

队打败。后来，孤竹国王又令黄花元帅假向齐桓公投降，把其引诱到了迷谷。

等齐军进入了迷谷，孤竹国军队已不知去向。迷失了方向的齐国军队，怎么也找不到出路。这时，相国管仲想起：马离开原来住的地方不管多远，都能够从走过来的路径回去。于是他就把这见解告诉齐桓公，并叫无终国派来的大将虎儿斑挑选了几匹老马，任凭它们在前面行走。老马转来转去，果然把齐国军队带出了迷谷。

七窍通六窍——一窍不通

【释义】比喻一点儿也不明白。

【例说】小李最反感化学课了，化学对于他来说简直是“七窍通六窍——一窍不通”。

典故

拥有七窍的比干

商朝时有一个非常聪明的大臣叫比干，他是商纣王的叔父。当时，纣王宠爱妃子妲己，一天到晚只顾寻欢作乐，根本不管百姓的死活，忠心耿耿的比干对这种情形十分担忧，于是就劝说纣王不要沉迷于酒色，不要乱杀忠臣。

妲己和纣王听了比干的话都很不高兴。妲己出了个坏主意，她告诉纣王："我听说平常人的心有

wǔ qiào ér shèng rén de xīn què shì yǒu qī gè qiào de bǐ gān zì
五窍，而圣人的心却是有七个窍的。比干自
chēng wéi shèng rén wǒ men bù fáng pōu kai tā de xīn kàn kan shì fǒu zhēn
称为圣人，我们不妨剖开他的心，看看是否真
de yǒu qī qiào
的有七窍？”

zhòu wáng tīng xìn le dá jǐ de huà lì kè xià lìng pōu kai bǐ
纣王听信了妲己的话，立刻下令剖开比
gān de xiōng rán hòu wā chu tā de xīn lái kàn fā xiàn tā de xīn guǒ
干的胸，然后挖出他的心来看，发现他的心果
zhēn yǒu qī gè qiào
真有七个窍。

qiū hòu de mà zha bèng bù liǎo jǐ tiān
秋后的蚂蚱——蹦不了几天

shì yì bǐ yù yí gè shì wù yǐ jīng zǒu dào jìn tóu
【释义】比喻一个事物已经走到尽头。

lì shuō zuì jìn gōng ān jī guān yǐ jīng xià le tōng jī lìng
【例说】最近公安机关已经下了通缉令，
zhè ge fàn zuì tuán huǒ yǐ shì qiū hòu de mà zha bèng bù liǎo jǐ
这个犯罪团伙已是“秋后的蚂蚱——蹦不了几
tiān le
天”了。

qíng tiān dài sǎn yǒu bèi wú huàn
晴天带伞——有备无患

shì yì bǐ yù zuò shì zhī qián jiù zuò hǎo le zhǔn bèi jiù
【释义】比喻做事之前就做好了准备，就
kě yǐ yǐ fáng wàn yī bì miǎn huò huàn
可以以防万一，避免祸患。

【例说】做事之前要做好充分的准备，尽量做到“晴天带伞——有备无患”。

蜻蜓点水——只接触表面

【释义】比喻做事只是点到即停止，不深入。

【例说】小曹写的这篇论文很不深入，没有真正体现出主题，给人的感觉是“蜻蜓点水——只接触表面”。

秋天的菊花——禁得起风霜

【释义】菊花是禁得起秋后风霜摧折的花卉，象征着高洁的品格。形容事物能够经历各种磨难洗礼。

【例说】小琳的性格一向很坚强，虽然这次他妈妈病故了，大家相信他是“秋天的菊花——禁得起风霜”。

rè guō shang de mǎ yǐ　tuán tuán zhuàn

热锅上的蚂蚁——团团转

shì yì　bǐ yù xiàn rù le nán yǐ bǎi tuō de kùn jìng shí jí de zǒu lái zǒu qù zuò lì bù ān

【释义】比喻陷入了难以摆脱的困境时，急得走来走去，坐立不安。

lì shuō　xiǎo xī shēng bìng yǐ jīng zhù yuàn hǎo jǐ tiān le xiàn zài réng bú jiàn hǎo zhuǎn fù mǔ jí de xiàng rè guō shang de mǎ yǐ tuán tuán zhuàn

【例说】小溪生病已经住院好几天了，现在仍不见好转，父母急得像“热锅上的蚂蚁——团团转”。

rén xīn gé dù shù gé pí　nán xiāng shí

人心隔肚树隔皮——难相识

shì yì　bǐ yù hěn nán wán quán kàn qīng yí gè rén de běn zhì

【释义】比喻很难完全看清一个人的本质。

lì shuō　xiǎo míng hěn xiǎng yǔ jì mǔ chǔ lǐ hǎo guān xì shì shí shang shì rén xīn gé dù

【例说】小明很想与继母处理好关系，事实上是“人心隔肚

shù gé pí nán xiāng shí suǒ yǐ tā men de guān xì yì zhí dōu
树隔皮——难相识”，所以他们的关系一直都
hěn jǐn zhāng
很紧张。

rì cóng xī bian chū bù kě néng
日从西边出——不可能

shì yì bǐ yù shì qing jué duì méi yǒu fā shēng de kě néng
【释义】比喻事情绝对没有发生的可能。

lì shuō yí xiàng lǎn duò de xiǎo míng shuō zuó tiān shì tā zì jǐ
【例说】一向懒惰的小明说昨天是他自己
xǐ de yī fu suǒ yǒu de tóng xué dōu bù xiāng xìn shuō tā zhè shì rì
洗的衣服，所有的同学都不相信，说他这是“日
cóng xī bian chū bù kě néng
从西边出——不可能”。

rú lái fó zhì sūn wù kōng qiáng zhōng hái yǒu qiáng zhōng shǒu
如来佛治孙悟空——强中还有强中手

shì yì bǐ yù néng rén bèi hòu hái yǒu néng rén méi yǒu zuì
【释义】比喻能人背后还有能人。没有最
hǎo de zhǐ yǒu gèng hǎo de
好的，只有更好的。

lì shuō suī rán zài nǐ men bān li nǐ
【例说】虽然在你们班里你
de wéi qí qí yì zuì gāo dàn zài quán xiào de bǐ
的围棋棋艺最高，但在全校的比
sài zhōng hái shi yào dāng xīn bì jìng rú lái fó
赛中还是要当心，毕竟“如来佛
zhì sūn wù kōng qiáng zhōng hái yǒu qiáng zhōng shǒu
治孙悟空——强中还有强中手”。

sān gè chòu pí jiang dǐng gè zhū gě liàng

三个臭皮匠——顶个诸葛亮

shì yì bǐ yù rén duō zhì huì duō yǒu shì qing dà jiā shāng liang néng xiǎng chu gèng hǎo de bàn fǎ lái

【释义】比喻人多智慧多，有事情大家商量，能想出更好的办法来。

lì shuō zhè jǐ gè rén tōng guò shāng liang kěn dìng néng zhǎo chu jiě jué wèn tí de bàn fǎ zhè yě jiù shì sān gè chòu pí jiang dǐng gè zhū gě liàng

【例说】这几个人通过商量，肯定能找出解决问题的办法，这也就是“三个臭皮匠——顶个诸葛亮”。

cǎo chuán jiè jiàn

草船借箭

chì bì dà zhàn shí zhōu yú jí dù zhū gě liàng de cái néng xiǎng jiè gè jī huì shā diào tā jiù jiào zhū gě liàng sān tiān nèi zào chu shí wàn zhī jiàn

赤壁大战时，周瑜嫉妒诸葛亮的才能，想借个机会杀掉他，就叫诸葛亮三天内造出十万支箭。

zhū gě liàng jiào sān gè suí cóng bǎ èr shí zhī xiǎo chuán liǎng biān chā

诸葛亮叫三个随从把二十只小船两边插

上草靶子，三个随从问：“军师莫不是用这些草靶子船到曹军水寨去借箭么？”他们又说：“这个主意好归好，不过，要想受箭就得把船划到水寨近处，容易被看出破绽。”诸葛亮忙问：“呃，你们有什么高招儿？”三个随从回答道：“我们是皮匠鞋匠出身，有个法子保险能瞒过曹兵。”

后来三个随从做了一批稻草人，并给稻草人套上皮衣、皮帽，这些稻草人真像活人一样。最终，他们使敌人中了计。

三句话不离本行——干啥说啥

【释义】指一个人说的话与他所从事的职

yè yǒu guān
业有关。

lì shuō xiǎo chén shì xué yīn yuè de tā shuō huà jǔ lì zi
【例说】小陈是学音乐的，他说话举例子
yě dōu shì yǔ yīn yuè yǒu guān de zhēn shì sān jù huà bù lí běn háng
也都是与音乐有关的，真是“三句话不离本行
gàn shá shuō shá
——干啥说啥”。

sān shí er wǎnshang pàn yuè liang méi zhǐ wang
三十儿晚上盼月亮——没指望

shì yì zhǐ pàn wàng de shì qing wú fǎ shí xiàn
【释义】指盼望的事情无法实现。

lì shuō xiǎo míng chéng tiān zhǐ zhī dào wán dàn tā de mā ma
【例说】小明成天只知道玩，但他的妈妈
hái xī wàng xiǎo míng néng kǎo shàng zhòng diǎn gāo zhōng wǒ kàn zhēn shi sān shí
还希望小明能考上重点高中，我看真是“三十
er wǎn shang pàn yuè liang méi zhǐ wang
儿晚上盼月亮——没指望”。

shā jī yòng niú dāo xiǎo tí dà zuò
杀鸡用牛刀——小题大做

shì yì hěn xiǎo de shì qing què dà dòng zhōu zhé bǐ yù bǎ
【释义】很小的事情却大动周折，比喻把
xiǎo shì dàng zuò dà shì chǔ lǐ
小事当做大事处理。

lì shuō xiǎo lì yǔ bié de xiǎo péng yǒu fā shēng le diǎn er máo
【例说】小丽与别的小朋友发生了点儿矛
dùn tā fù mǔ jìng rán bǎ zhè shì fǎn yìng dào xiào zhǎng nà er qù le
盾，她父母竟然把这事反映到校长那儿去了，
zhēn shi shā jī yòng niú dāo xiǎo tí dà zuò
真是“杀鸡用牛刀——小题大做”。

shā tān shang shù wū jī chǔ tài chà
沙滩上竖屋——基础太差

shì yì bǐ yù zuò shì méi yǒu bì yào de jī běn tiáo jiàn jié guǒ hěn nán chéng shì
【释义】比喻做事没有必要的基本条件，结果很难成事。

lì shuō jiù shì yīn wèi nǐ shā tān shang shù wū jī chǔ tài chà cái dǎo zhì nǐ gēn bú shàng dà jiā xué xí de jìn dù
【例说】就是因为你“沙滩上竖屋——基础太差”，才导致你跟不上大家学习的进度。

shā dì shang tuī xiǎo chē yí bù yí gè jiǎo yìn
沙地上推小车——一步一个脚印

shì yì bǐ yù zuò shì tā shi jiǎo tà shí dì
【释义】比喻做事踏实，脚踏实地。

lì shuō bù guǎn shì xiàn zài de xué xí hái shi yǐ hòu de gōng zuò dōu yào shā dì shang tuī xiǎo chē yí bù yí gè jiǎo yìn
【例说】不管是现在的学习还是以后的工作，都要“沙地上推小车——一步一个脚印”。

shǎ zi zhòng zhuàng yuan nán dé
傻子中状元——难得

shì yì xíng róng yí gè hěn nán shí xiàn de mù biāo zuì zhōng què shí xiàn le
【释义】形容一个很难实现的目标最终却实现了。

lì shuō bān shang tǐ zhòng zuì zhòng de lǐ wěi jū rán huò dé le zhè cì yùn dòng huì cháng pǎo guàn jūn zhēn shì shǎ zi zhòng zhuàng yuan nán dé
【例说】班上体重最重的李伟居然获得了这次运动会长跑冠军，真是“傻子中状元——难得”。

shàngshān bēi máo zhú gù qián bú gù hòu
上山背毛竹——顾前不顾后

shì yì gù jí le qián miàn jiù gù jí bù liǎo hòu miàn bǐ
【释义】顾及了前面就顾及不了后面，比
yù zuò shì bù zhōu dào kǎo lǜ bù quán miàn
喻做事不周到，考虑不全面。

lì shuō xiě zuò wén xià bǐ zhī qián yào zhù yì móu piān bù jú
【例说】写作文下笔之前要注意谋篇布局，
bù néng shàngshān bēi máo zhú gù qián bú gù hòu fǒu zé de
不能“上山背毛竹——顾前不顾后”，否则的
huà xiě chu lai de wén zhāng jiù huì hǔ tóu shé wěi
话写出来的文章就会虎头蛇尾。

sī mǎ yì pò bā zhèn tú bù dǒng zhuāng dǒng
司马懿破八阵图——不懂 装 懂

shì yì zì jǐ bù dǒng què jiǎ zhuāng hěn jīng tōng de yàng zi
【释义】自己不懂却假装很精通的样子。

lì shuō bù dǒng de wèn tí yí dìng yào jí shí xiàng lǎo shī huò
【例说】不懂的问题一定要及时向老师或
zhǎng bèi qǐng jiào jué bù néng sī mǎ yì pò
长辈请教，决不能“司马懿破
bā zhèn tú bù dǒngzhuāng dǒng
八阵图——不懂装懂”。

sī mǎ yì pò bā zhèn tú
司马懿破八阵图

zhū gě liàng shuài bīng qù gōng dǎ wèi guó shí sī mǎ yì yǐn sì
诸葛亮率兵去攻打魏国时，司马懿引四

shí wàn wèi bīng yíng zhàn bìng quàn zhū gě liàng huí bīng
十万魏兵迎战，并劝诸葛亮回兵。

zhū gě liàng shuō nǐ shì yào dòu jiàng dòu bīng hái shi dòu
诸葛亮说：“你是要斗将？斗兵？还是斗
zhèn fǎ sī mǎ yì shuō shì dòu zhèn fǎ zhū gě liàng biàn jiāng bù xià
阵法？”司马懿说是斗阵法，诸葛亮便将部下
bǎi chéng bā guà zhèn
摆成八卦阵。

sī mǎ yì fēn fù shǒu xià sān gè jiàng lǐng cóng zhèng dōng shēng mén shā
司马懿吩咐手下三个将领从正东生门杀
rù wǎng xī nán mén shā chu zài cóng zhèng běi kāi mén shā rù tā shuō
入，往西南门杀出，再从正北开门杀入，他说
zhè yàng jiù kě pò bā guà zhèn kě shì sān gè jiàng lǐng zài zhèn zhōng nán
这样就可破八卦阵。可是三个将领在阵中难
yǐ fēn biàn fāng xiàng zhǐ guǎn luàn chōng luàn zhuàng yí gè gè dōu bèi fù
以分辨方向，只管乱冲乱撞，一个个都被缚
zhù le
住了。

zuì hòu zhū gě liàng jiào bù xià
最后，诸葛亮叫部下
bǎ tā men de yī fu
把他们的衣服
tuō diào bǎ liǎn tú
脱掉，把脸涂
hēi fàng chū zhèn qu
黑，放出阵去。

sī mǎ yì
司马懿
dà nù shuài jūn
大怒，率军
chū jī hū rán
出击，忽然，
guān xīng jiāng wéi
关兴、姜维

从侧面领军杀出，魏军三面受敌。司马懿大惊，只好急忙退军。

死诸葛吓走活仲达——生不如死

【释义】是指一个人感觉活着很没有意思，很痛苦，还不如死掉算了。

【例说】虽然他的双腿残疾了，但他还是通过自己的劳动来养活自己，他说自己容忍不了像寄生虫一般的生活。如果让自己整天无所事事，简直是“死诸葛吓走活仲达——生不如死”。

死诸葛吓走活仲达

蜀、魏两军相遇，司马懿总是守而不战。公元234年8月，诸葛亮在军中病死了。临死前，他嘱咐姜维、杨仪等手下将领，尽快

退兵。他死后，蜀军依计悄然撤退。

司马懿早已知道诸葛亮病重，现在蜀兵一撤，他就断定诸葛亮肯定死了，便领着军士去追。可追到山脚下时，忽然一声炮响，树影中飘出蜀军大旗，司马懿一见，大惊失色。只见蜀军数十员上将，拥出一辆四轮车来，车上端坐着摇着羽扇的诸葛亮。司马懿惊喝道："孔明尚在！我轻入重地，中了他的计了！"于是，勒马回头便走。

树林里放风筝——缠住了

【释义】比喻自己的才能无法施展开。

lì shuō yǐ jiē jìn nián zhōng tā zhěng tiān jiā bān jiā diǎn de
【例说】已接近年终，他整天加班加点地
gōng zuò tā xíng róng zì jǐ de chǔ jìng shì shù lín li fàng fēng zheng
工作，他形容自己的处境是“树林里放风筝
chán zhù le
——缠住了”。

shù dǎo hú sūn sàn chè dǐ kuǎ tái
树倒猢孙散——彻底垮台

shì yì zhǐ shì wù fēn bēng lí xī
【释义】指事物分崩离析。

lì shuō zhè ge gōng sī nián chū fā shēng le yán zhòng de cái wù
【例说】这个公司年初发生了严重的财务
wēi jī xiàn zài yǐ jīng shì shù dǎo hú sūn sàn chè dǐ kuǎ
危机，现在已经是“树倒猢孙散——彻底垮
tái le
台”了。

shǔ lǚ bù de yǒu yǒng wú móu
属吕布的——有勇无谋

shì yì zhǐ yǒu yǒng qì méi yǒu jì móu zhǐ zuò shì huò
【释义】只有勇气，没有计谋。指做事或
dǎ zhàng zhǐ shì měng dǎ měng chōng quē fá jì huà bù jiǎng cè lüè duō
打仗只是猛打猛冲，缺乏计划，不讲策略。多
yòng yú fěng cì tā rén
用于讽刺他人。

lì shuō tā zhè ge rén zuò shì fēi cháng lǔ mǎng bié ren dōu
【例说】他这个人做事非常鲁莽，别人都
shuō tā shì shǔ lǚ bù de yǒu yǒng wú móu
说他是“属吕布的——有勇无谋”。

典故

yǒu yǒng wú móu de lǚ bù
有勇无谋的吕布

lì shǐ shang de lǚ bù shì gè fēi cháng yǒng gǎn qiě shàn zhàn de hàn
历史上的吕布是个非常勇敢且善战的汉
mò zhū hóu xiān hòu gēn suí guo dīng yuán dǒng zhuó zuò zhàn bìng zuì zhōng
末诸侯，先后跟随过丁原、董卓作战，并最终
shā sǐ le dīng yuán hé dǒng zhuó
杀死了丁原和董卓。

lǚ bù chéng wéi dú lì shì lì hòu yòu yǔ cáo cāo wéi dí yǔ
吕布成为独立势力后，又与曹操为敌，与
liú bèi yuán shù děng zhū hóu shí ér wéi dí shí ér wéi yǒu zuì zhōng yīn
刘备、袁术等诸侯时而为敌时而为友，最终因
wèi dí bú guò cáo cāo hé liú bèi de lián jūn jié guǒ bīng bài rén wáng
为敌不过曹操和刘备的联军，结果兵败人亡。

kě yǐ shuō lǚ bù shì tiān xià wú shuāng de wǔ jiàng céng zài hǔ
可以说吕布是天下无双的武将，曾在虎
láo guān dà zhàn liú bèi guān yǔ hé zhāng fēi de
牢关大战刘备、关羽和张飞的
sān rén lián jūn céng yì rén dú dòu
三人联军，曾一人独斗
cáo cāo jūn zhōng de liù yuán dà jiàng
曹操军中的六员大将，
tā de wǔ yì shì gōng rèn de dì
他的武艺是公认的第
yī dàn lǚ bù yì shēng yǒu yǒng wú
一，但吕布一生有勇无
móu zuì zhōng méi chéng dà qì
谋，最终没成大器。

shuì zài guān cai lì shēn shǒu sǐ yào qián
睡在棺材里伸手——死要钱

shì yì xíng róng yí gè rén tān dé wú yàn
【释义】形容一个人贪得无厌。

lì shuō zhè cì tā chuǎng le huò shòu hài fāng yě bú shì hǎo rě de jié guǒ duì tā shì shuì zài guān cai lì shēn shǒu sǐ yào qián
【例说】这次他闯了祸，受害方也不是好惹的，结果对他是“睡在棺材里伸手——死要钱”。

shuǐ xiān bù kāi huā zhuāngsuàn
水仙不开花——装蒜

shì yì tōngcháng shì zhǐ yí gè rén kè yì yǎn shì zì jǐ zhēn shí de nèi xīn yě zhǐ yí gè rén nòng xū zuò jiǎ huò bù dǒng zhuāng dǒng
【释义】通常是指一个人刻意掩饰自己真实的内心，也指一个人弄虚作假或不懂装懂。

lì shuō xiǎo míng gēn běn jiù bù zhī dào zhè ge wèn tí zěn me jiě dá hái zài nà lǐ shuǐ xiān bù kāi huā zhuāng suàn
【例说】小明根本就不知道这个问题怎么解答，还在那里“水仙不开花——装蒜”。

shuǐ xiān zhuāng suàn
水仙装蒜

cóng qián yǒu yí gè fù wēng tā sǐ hòu dà ér zi bǎ jiā chǎn jù wéi jǐ yǒu zhǐ fēn gěi dì di yí kuài huāng shí bà nà shí bà bù néng gēng zhòng kùn nan shí dì di biàn pǎo dào gē ge jiā jiè qián dàn
从前有一个富翁，他死后，大儿子把家产据为己有，只分给弟弟一块荒石坝，那石坝不能耕种。困难时，弟弟便跑到哥哥家借钱，但

哥哥却将他赶出门外。弟弟非常伤心，坐在路上大哭起来，结果惊动了玉帝，玉帝决定将水仙花交给弟弟种植，还对水仙花施了咒语。结果，人们每年都向弟弟购买水仙花种子，弟弟赚了许多钱。坐吃山空的哥哥走投无路时找到弟弟，希望弟弟能够看在亲情的分上教他培育水仙花。但是不管弟弟怎么尽力地教，哥哥栽培的水仙花却都是只长叶子不开花，叶子枯萎后，根部留下个大蒜头，结果让哥哥白忙活一场。

石头生病——无可救药

【释义】比喻坏到了无法挽回的地步。

lì shuō tā bèi rén mí le xīn qiào zěn me shuō yě shuō bù
【例说】他被人迷了心窍，怎么说也说不
tōng yǐ jīng shì shí tou shēng bìng wú kě jiù yào le
通，已经是“石头生病——无可救药”了。

shùn zhe mò dào zhǎo lǘ jiǎo dèng nà hěn róng yì
顺着磨道找驴脚蹬——那很容易

shì yì bǐ yù jì yì chún shú àn zhào guī lǜ zuò shì huì
【释义】比喻技艺纯熟，按照规律做事会
fēi cháng shùn lì
非常顺利。

lì shuō zhǐ yào nǐ zhǎng wò le jiě tí de gōng shì hé yùn yòng
【例说】只要你掌握了解题的公式和运用
fāng fǎ duì yú zhè yàng de wèn tí jiù shì shùn zhe mò dào zhǎo lǘ jiǎo
方法，对于这样的问题就是“顺着磨道找驴脚
dèng nà hěn róng yì
蹬——那很容易”。

shī zi duō le bù zhī yǎng
虱子多了——不知痒

shì yì jīng cháng rú cǐ jiù wú fǎ gǎn zhī le bǐ yù
【释义】经常如此，就无法感知了。比喻
duì shì qing hěn má mù
对事情很麻木。

lì shuō tā yù jian de zhí de kě lián de rén tài duō suǒ
【例说】他遇见的值得可怜的人太多，所
yǐ duì yú nǐ de chǔ jìng tā yǐ jīng shì shī zi duō le bù
以对于你的处境，他已经是“虱子多了——不
zhī yǎng le
知痒”了。

shí bā bān wǔ yì quán shǐ chu lai dà xiǎn shēnshǒu

十八般武艺全使出来——大显身手

shì yì zhǐ chōng fèn xiǎn shì chu běn lǐng hé cái néng

【释义】指充分显示出本领和才能。

lì shuō tā bèi xuǎn chu lai cān jiā quán xiào de cái yì bǐ sài

【例说】她被选出来参加全校的才艺比赛，

jié guǒ shì shí bā bān wǔ yì quán shǐ chu lai dà xiǎn shēn shǒu

结果是“十八般武艺全使出来——大显身手”。

shǒu ná mí yǔ cāi bù chū zhí mí mí bú wù

手拿谜语猜不出——执迷（谜）不悟

shì yì bǐ yù zuò shì qing gù zhí jǐ jiàn jiān chí cuò wù

【释义】比喻做事情固执己见，坚持错误

ér bù jué wù

而不觉悟。

lì shuō jì rán dà jiā dōu rèn wéi nǐ nà yàng zuò shì bú duì

【例说】既然大家都认为你那样做是不对

de jiù bú yào zài shǒu ná mí yǔ cāi bù chū zhí mí bú wù le

的，就不要再“手拿谜语猜不出——执迷不悟”了。

sūn quán dìng xia zhāo qīn jì péi le fū rén yòu zhé bīng

孙权定下招亲计——赔了夫人又折兵

shì yì bǐ yù xiǎng dé lì bú dàn méi dé dào fǎn ér zāo

【释义】比喻想得利不但没得到，反而遭

shòushuāngchóng sǔn shī

受双重损失。

lì shuō xiǎo lǐ gěi lǐng dǎo sòng lǐ xiǎng dé dào jìn yí bù de

【例说】小李给领导送礼想得到进一步的

tí bá ér zhè wèi lǐng dǎo shì wèi hěn zhèng zhí de rén jié guǒ yīn cǐ

提拔，而这位领导是位很正直的人，结果因此

shì pī píng le xiǎo lǐ zhēn shi sūn quán dìng xia zhāo qīn jì péi
事批评了小李，真是“孙权定下招亲计——赔
le fū rén yòu zhé bīng
了夫人又折兵”。

典故

sūn quán dìng xia zhāo qīn jì
孙权定下招亲计

sān guó yǎn yì zhōng zhōu yú wèi le shōu huí jīng zhōu biàn xiàng
《三国演义》中，周瑜为了收回荆州，便向
sūn quán xiàn shang měi rén jì jiǎ yì bǎ sūn quán de mèi mei sūn shàngxiāng
孙权献上美人计，假意把孙权的妹妹孙尚香
xǔ gěi liú bèi wéi qī bù xiǎng liú bèi hé zhào yún yī zhū gě liàng
许给刘备为妻。不想，刘备和赵云依诸葛亮
zhī jì jiāng zhāo qīn de xiāo xi sàn bù de mǎn chéng fēng yǔ zài qiáo
之计，将招亲的消息散布得满城风雨。在乔
guó lǎo de bāng zhù xià gān lù sì xiāng qīn shí wú guó tài xiāng zhòng le
国老的帮助下，甘露寺相亲时，吴国太相中了
liú bèi jiǎ xì chéng zhēn wú nài zhōu yú yòu xiàn jì jiāng liú bèi ruǎn
刘备，假戏成真。无奈，周瑜又献计将刘备软
jìn zài dōng wú ràng tā guò ān lè shēng huó rán hòu zài móu qiú jīng zhōu
禁在东吴，让他过安乐生活，然后再谋求荆州。
guǒ rán liú bèi jiǎ yì tiān tiān yǔ sūn shàngxiāng
果然，刘备假意天天与孙尚香
hē jiǔ zuò lè bǎ jīng zhōu wàng de yì gān èr jìng
喝酒作乐，把荆州忘得一干二净。

dào le nián zhōng zhào yún tū rán lái bào
到了年终，赵云突然来报
shuō cáo cāo wèi bào chì bì zhī hèn qǐ bīng shā
说曹操为报赤壁之恨，起兵杀

bèn jīng zhōu sūn fū rén zhī dào hòu biǎo shì yuàn gēn liú bèi huí jīng
奔荆州。孙夫人知道后，表示愿跟刘备回荆
zhōu qù
州去。

dì èr tiān sūn quán dé zhī liú bèi jí sūn fū rén yì qǐ táo
第二天，孙权得知刘备及孙夫人一起逃
zǒu máng pài yì pī jīng bīng zhuī gǎn gǎn zhì jiāng biān yǎn kàn jiù yào
走，忙派一批精兵追赶。赶至江边，眼看就要
zhuī shang shí què bèi zǎo yǐ hòu zài jiāng shang de zhū gě liàng pài de chuán
追上时，却被早已候在江上的诸葛亮派的船
duì jiù zǒu
队救走。

zhōu yú qì fèn nán xī xiàng jīng zhōu fā bīng jié guǒ yòu zhòng zhū
周瑜气愤难息，向荆州发兵，结果又中诸
gě liàng de fú bīng zhī jì
葛亮的伏兵之计。

jié guǒ dōng wú bú dàn méi yǒu shōu huí jīng zhōu fǎn ér bèi liú
结果，东吴不但没有收回荆州，反而被刘
bèi zhuàn zǒu le sūn shàng xiāng sǔn bīng zhé jiàng zhè zhèng shì sūn quán dìng
备赚走了孙尚香，损兵折将。这正是“孙权定
xia zhāo qīn jì péi le fū rén yòu zhé bīng
下招亲计——赔了夫人又折兵”。

sūn wù kōng jiè miè huǒ shàn yí wù xiáng yí wù
孙悟空借灭火扇——一物降一物

shì yì shì zhǐ yí gè dōng xi lì hai tóng shí jiù yǒu lìng
【释义】是指一个东西厉害，同时就有另
yí gè dōng xi bǐ tā hái lì hai
一个东西比它还厉害。

lì shuō zài bān li suǒ yǒu de tóng xué dōu pà zhōu qiáng dàn
【例说】在班里所有的同学都怕周强，但
shì dāng tā pèng dào shè huì shang de nà jǐ gè chuò xué qīng nián shí què bù
是当他碰到社会上的那几个辍学青年时却不

gǎn zī shēng zhēn shi sūn wù kōng jiè miè huǒ shàn yí wù xiáng yí wù
敢吱声，真是“孙悟空借灭火扇——一物降一物”。

典故

sūn wù kōng jiè miè huǒ shàn
孙悟空借灭火扇

táng sēng shī tú zài guò huǒ yàn shān shí sūn wù kōng biàn chéng niú
唐僧师徒在过火焰山时，孙悟空变成牛
mó wáng de mú yàng cóng tiě shàn gōng zhǔ nà lǐ piàn dé le miè huǒ shàn
魔王的模样，从铁扇公主那里骗得了灭火扇，
méi xiǎng dào què bèi jiǎ bàn zhū bā jiè de niú mó wáng gěi piàn le huí
没想到，却被假扮猪八戒的牛魔王给骗了回
qù sūn wù kōng méi yǒu xiè qì xiǎng
去。孙悟空没有泄气，想
yào huí miè huǒ shàn jiàn shì bú miào de
要回灭火扇。见势不妙的
niú mó wáng biàn zuò yì zhī tiān
牛魔王，变作一只天
é sūn wù kōng yáo shēn
鹅，孙悟空摇身
yí biàn yí gè hǎi dōng
一变，一个海东
qīng luò zài tiān é shēnshang
青落在天鹅身上；
niú mó wáng gǎn máng biàn zuò
牛魔王赶忙变作
yì zhī huáng yīng fǎn guò
一只黄鹰，反过
lái zhuó hǎi dōng qīng sūn wù
来啄海东青，孙悟

kōng yòu biàn zuò yì zhī wū fèng niú mó wáng jiàn zhuàng biàn zuò yì zhī bái
空又变作一只乌凤；牛魔王见状变作一只白
hè sūn wù kōng dìng jīng yí kàn biàn zuò yì zhī dān fèng yì fān
鹤，孙悟空定睛一看，变作一只丹凤……一番
biàn huà guò hòu tiān bīng tiān jiàng gǎn lai le bǎ niú mó wáng tuán tuán wéi
变化过后，天兵天将赶来了，把牛魔王团团围
zhù biàn lái biàn qù de niú mó wáng wú kě nài hé de lǐng zhe sūn wù
住，变来变去的牛魔王，无可奈何地领着孙悟
kōng děng shén jiàng lái dào bā jiāo dòng ràng tiě shàn gōng zhǔ jiāo chu le zhēn
空等神将来到芭蕉洞，让铁扇公主交出了真
bā jiāo shàn
芭蕉扇。

tān zi diào jin làn ní táng bù néng zì bá
瘫子掉进烂泥塘——不能自拔

shì yì bù néng zhǔ dòng de cóng tòng kǔ cuò wù huò zuì è
【释义】不能主动地从痛苦、错误或罪恶
zhōng jiě tuō chu lai
中解脱出来。

lì shuō xiǎo míng zuì jìn dǎ wǎng
【例说】小明最近打网
luò yóu xì shàng le yǐn bà ba mā ma shuō
络游戏上了瘾，爸爸妈妈说
tā yǐ jīng shì tān zi diào jin làn ní táng
他已经是“瘫子掉进烂泥塘
bù néng zì bá
——不能自拔”。

táng láng dǎng chē chěng bà dào méi yǒu hǎo xià chǎng
螳螂挡车逞霸道——没有好下场

shì yì bǐ yù zì bú liàng lì de rén zuò shì fēi cháng bà dào
【释义】比喻自不量力的人做事非常霸道，
shì méi yǒu hǎo jié jú de
是没有好结局的。

lì shuō wáng xiàn zhǎng jīng cháng yǐ quán móu sī péng you quàn tā
【例说】王县长经常以权谋私，朋友劝他
yào dāng xīn tā què bù tīng jié guǒ shì táng láng dǎng chē chěng bà dào
要当心，他却不听，结果是“螳螂挡车逞霸道
méi yǒu hǎo xià chǎng
——没有好下场”。

táng láng bǔ chán huáng què zài hòu
螳螂捕蝉——黄雀在后

shì yì táng láng zhèng yào zhuō chán bù zhī dào huáng què zài tā
【释义】螳螂正要捉蝉，不知道黄雀在它
hòu miàn zhèng yào chī tā bǐ yù mù guāng duǎn qiǎn jǐn jǐn kàn dào yǎn
后面正要吃它。比喻目光短浅，仅仅看到眼
qián de lì yì ér bù zhī yǐ hòu de huò huàn jiù yào suí zhī ér lái
前的利益，而不知以后的祸患就要随之而来。

lì shuō yì huǒ er dào zéi zhèng yào zuò àn shí méi xiǎng dào táng
【例说】一伙儿盗贼正要作案时，没想到“螳
láng bǔ chán huáng què zài hòu jié guǒ bèi biàn yī xún jǐng tū rán wéi bǔ
螂捕蝉——黄雀在后”，结果被便衣巡警突然围捕。

tián li de zhuāng jia tǔ shēng tǔ zhǎng
田里的庄稼——土生土长

shì yì dāng dì shēng zhǎng de bǐ yù duì dāng dì de shì wù
【释义】当地生长的，比喻对当地的事物

hěn liǎo jiě
很了解。

lì shuō tā bú shì dāng dì rén dàn duì zhè lǐ de qíng kuàng
【例说】他不是当地人，但对这里的情况
què liǎo rú zhǐ zhǎng yǔ zhè tián li de zhuāng jia tǔ shēng tǔ zhǎng
却了如指掌，与这“田里的庄稼——土生土长”
de rén méi shén me chā bié
的人没什么差别。

tiě gōng jī yì máo bù bá
铁公鸡——一毛不拔

shì yì xíng róng wéi rén fēi cháng lìn sè zì sī
【释义】形容为人非常吝啬、自私。

lì shuō wáng dà ye zhè ge rén hěn lìn sè yào xiǎng ràng tā
【例说】王大爷这个人很吝啬，要想让他
juān kuǎn jié guǒ zhǐ néng shì tiě gōng jī yì máo bù bá
捐款，结果只能是“铁公鸡——一毛不拔”。

tóu fa sī diào dà zhōng qiān jūn yí fà
头发丝吊大钟——千钧一发

shì yì qiān jūn de zhòng wù yòng yì gēn tóu fa jì zhe bǐ
【释义】千钧的重物用一根头发系着，比
yù qíng kuàng wàn fēn wēi jí
喻情况万分危急。

lì shuō yǒu yí liàng yùn gāng cái de qì chē zài cūn zi li kuài
【例说】有一辆运钢材的汽车在村子里快
sù xíng shǐ shí tū rán yí gè hái zi héng chuān mǎ lù zài zhè tóu
速行驶时，突然一个孩子横穿马路，在这“头
fa sī diào dà zhōng qiān jūn yí fà de shí kè sī jī měng shā
发丝吊大钟——千钧一发”的时刻，司机猛刹
chē cái bì miǎn le yì cháng jiāo tōng shì gù
车才避免了一场交通事故。

tóu dǐng shang zhǎng yǎn jing mù zhōng wú rén
头顶上长眼睛——目中无人

shì yì yǎn li méi yǒu bié ren xíng róng kuáng wàng zì dà kàn
【释义】眼里没有别人，形容狂妄自大，看
bu qǐ rén
不起人。

lì shuō wáng shū ji dé dào tí bá hòu jiù biàn de tóu dǐng
【例说】王书记得到提拔后就变得“头顶
shang zhǎng yǎn jing mù zhōng wú rén le
上长眼睛——目中无人”了。

tù zi qún li yì tóu xiàng páng rán dà wù
兔子群里一头象——庞然大物

shì yì gāo dà bèn zhòng de dōng xi bǐ yù mǒu rén zài rén
【释义】高大笨重的东西，比喻某人在人
qún zhōng fēi cháng xiǎn yǎn
群中非常显眼。

lì shuō zhè dòng xīn jiàn qi lai de gāo lóu gēn qí tā lóu yǔ
【例说】这栋新建起来的高楼跟其他楼宇
bǐ qi lai jiǎn zhí jiù shì tù zi qún li yì tóu xiàng páng rán
比起来，简直就是“兔子群里一头象——庞然
dà wù
大物”。

tuì cháo de hǎi tān shuǐ luò shí chū
退潮的海滩——水落石出

shì yì shuǐ tuì xia qu shuǐ dǐ de shí tou jiù lù le chū
【释义】水退下去，水底的石头就露了出
lái bǐ yù shì qing de zhēn xiàng wán quán xiǎn lù chu lai
来。比喻事情的真相完全显露出来。

lì shuō jīng guò diào chá zhè jiàn shì qing de lái lóng qù mài
【例说】经过调查，这件事情的来龙去脉
yǐ jīng shì tuì cháo de hǎi tān shuǐ luò shí chū le
已经是“退潮的海滩——水落石出”了。

wáng ba zuān huǒ kēng lián biē qì dài wō huǒ
王八钻火坑——连憋气带窝火

shì yì bǐ yù mǒu jiàn shì lìng rén wěi qu huò fán nǎo dàn
【释义】比喻某件事令人委屈或烦恼，但
yòu bù néng fā xiè
又不能发泄。

lì shuō xiǎo chén zuò le yí jiàn hǎo shì bú dàn méi yǒu dé
【例说】小陈做了一件好事，不但没有得
dào dà jiā de zàn yáng jiù lián lǎo bǎn yě yuān wang le tā tā de gǎn
到大家的赞扬，就连老板也冤枉了他，他的感
jué shì wáng ba zuān huǒ kēng lián biē qì dài wō huǒ
觉是“王八钻火坑——连憋气带窝火”。

wáng mǔ niáng bǎi pán táo yàn jù jīng huì shén
王母娘摆蟠桃宴——聚精会神

shì yì xíng róng zhuān xīn zhì zhì zhù yì lì gāo dù jí zhōng
【释义】形容专心致志，注意力高度集中。
lì shuō wú lùn shì xué xí hái shi zuò shì qing dōu xū yào
【例说】无论是学习还是做事情，都需要
wáng mǔ niáng bǎi pán táo yàn jù jīng huì shén
“王母娘摆蟠桃宴——聚精会神”。

典故

wáng mǔ niáng bǎi pán táo yàn

王母娘摆蟠桃宴

tiān tíng de wáng mǔ niángniang yào zài yáo chí jǔ bàn pán táo shèng huì
天庭的王母娘娘要在瑶池举办蟠桃盛会，
mìng lìng qī xiān nǚ dào pán táo yuán zhāi táo zi
命令七仙女到蟠桃园摘桃子。

qī xiān nǚ dào yuán zhōng yí kàn táo zi hěn shǎo yòu méi yǒu shú
七仙女到园中一看，桃子很少，又没有熟
de zhè shí yǐn shēn shuì zài shù zhī shang de sūn wù kōng bèi jīng xǐng le
的，这时，隐身睡在树枝上的孙悟空被惊醒了，
dà jiào yì shēng nǎ fāng guài wu
大叫一声："哪方怪物，
dǎn gǎn tōu zhāi wǒ táo qī xiān
胆敢偷摘我桃。"七仙
nǚ xià de yì qí guì xia shuō
女吓得一齐跪下说：
dà shèng xī nù wǒ děng
"大圣息怒。我等
nǎi shì wáng mǔ niángniang chāi
乃是王母娘娘差
lái de qī xiān nǚ
来的七仙女，
zhāi qǔ xiān táo dà
摘取仙桃，大
kāi bǎo gé zuò pán
开宝阁，做'蟠
táo huì dà shèng
桃会'。"大圣

tīng hòu ràng xiān nǚ men qǐ lai wèn dào wáng mǔ kāi gé shè yàn
听后，让仙女们起来，问道：“王母开阁设宴，
qǐng de shì shéi xiān nǚ dào qǐng de shì gè gōng gè diàn dà xiǎo
请的是谁？”仙女道：“请的是各宫各殿大小
zūn shén yì qí fù pán táo jiā huì dà shèng xiào dào kě qǐng wǒ
尊神，一齐赴蟠桃嘉会。”大圣笑道：“可请我
ma xiān nǚ shuō bù céng tīng shuō
吗？”仙女说：“不曾听说。”

cǐ hòu biàn yǒu le sūn wù kōng dà nào pán táo shèng huì
此后，便有了孙悟空大闹蟠桃盛会。

wén zi zhǎo zhī zhū zì tóu luó wǎng
蚊子找蜘蛛——自投罗网

shì yì zì jǐ tóu dào wǎng li bǐ yù zì jǐ sòng sǐ
【释义】自己投到网里，比喻自己送死。

lì shuō liáng shān hǎo hàn guī shùn cháo tíng děng yú shì wén zi
【例说】梁山好汉归顺朝廷，等于是“蚊子
zhǎo zhī zhū zì tóu luó wǎng
找蜘蛛——自投罗网”。

wén zi dīng pú sà rèn cuò le rén
蚊子叮菩萨——认错了人

shì yì bǐ yù jiàn shi tài shǎo méi rèn chu yǎn qián dì wèi
【释义】比喻见识太少，没认出眼前地位
gāo huò běn lǐng dà de rén
高或本领大的人。

lì shuō tā dé zuì le duì tā jiāng huì yǒu hěn dà bāng zhù de
【例说】他得罪了对他将会有很大帮助的
rén zhēn shi wén zi dīng pú sà rèn cuò le rén
人，真是“蚊子叮菩萨——认错了人”。

wū guī pá dào mén kǎn shang jìn tuì dōu yào diē yì jiāo
乌龟爬到门坎上——进退都要跌一跤

shì yì zài chǔ lǐ mǒu jiàn shì qing shí bù guǎn shì qián jìn
【释义】在处理某件事情时，不管是前进
hái shi hòu tuì dōu huì duì zì jǐ bú lì
还是后退都会对自己不利。

lì shuō tā gāng kāi le gè mén miàn zuò shēng yi yǐ qián yǐ
【例说】他刚开了个门面做生意，以前已
jīng tóu rù hěn duō jīng lì yǔ jīn qián ér xiàn zài měi tiān dōu zài jì
经投入很多精力与金钱，而现在每天都在继
xù péi qián tā zhèng chǔ yú wū guī pá dào mén kǎn shang jìn tuì
续赔钱，他正处于“乌龟爬到门坎上——进退
dōu yào diē yì jiāo de jìng dì
都要跌一跤”的境地。

wú kǒng bú rù zhuān zuān kòng zi
无孔不入——专钻空子

shì yì bǐ yù yǒu kòng zi jiù zuān
【释义】比喻有空子就钻。

lì shuō diàn nǎo bìng dú zǒng shì wú kǒng bú rù zhuān
【例说】电脑病毒总是“无孔不入——专
zuān kòng zi de wēi xié zhe wǎng luò ān quán
钻空子”地威胁着网络安全。

wǔ gēng tiān chū mén yuè zǒu yuè liàng
五更天出门——越走越亮

shì yì bǐ yù jīng guò nǔ lì qián tú hé
【释义】比喻经过努力，前途和
wèi lái huì yuè lái yuè hǎo
未来会越来越好。

lì shuō xiǎo lǐ de shì yè zhōng yú cóng dī gǔ zhōng zǒu le chū
【例说】小李的事业终于从低谷中走了出
lái xiàn zài shì wǔ gēng tiān chū mén yuè zǒu yuè liàng
来，现在是“五更天出门——越走越亮”。

wū lòu piān zāo lián yè yǔ chuán pò yòu yù dǐng tóu fēng huò bù dān xíng
屋漏偏遭连夜雨，船破又遇顶头风——祸不单行

shì yì bǐ yù jiē èr lián sān de fā shēng bú xìng de shì qing
【释义】比喻接二连三地发生不幸的事情。
lì shuō xiǎo míng de lǎo ye bìng dǎo le bà ba yòu diū le
【例说】小明的姥爷病倒了，爸爸又丢了
gōng zuò zhēn shi wū lòu piān zāo lián yè yǔ chuán pò yòu yù dǐng tóu
工作，真是“屋漏偏遭连夜雨，船破又遇顶头
fēng huò bù dān xíng tā jiā de shēng huó yuè lái yuè kùn nan le
风——祸不单行”，他家的生活越来越困难了。

xiā zi kàn shū guān diǎn bù míng
瞎子看书——观点不明

shì yì bǐ yù duì suǒ guān chá de shì wù bù lǐ jiě bù
【释义】比喻对所观察的事物不理解，不
míng bai yě zhǐ lì chǎng bù jiān dìng
明白；也指立场不坚定。

lì shuō zuò rén yí dìng yào lì chǎng jiān dìng bú yào xiàng xiā
【例说】做人一定要立场坚定，不要像“瞎
zi kàn shū guān diǎn bù míng
子看书——观点不明”。

xiā zi dǎ dēnglong bái fèi là
瞎子打灯笼——白费蜡

shì yì zhǐ làng fèi zī yuán bǐ yù zuò méi yǒu bì yào zuò de shì
【释义】指浪费资源，比喻做没有必要做的事。
lì shuō jì rán shì yǐ zhì cǐ zài zěn me nǔ lì yě shì
【例说】既然事已至此，再怎么努力也是
xiā zi dǎ dēng long bái fèi là
“瞎子打灯笼——白费蜡”。

xià yǔ tiān bēi mián xù yuè bēi yuè zhòng
下雨天背棉絮——越背越重

shì yì bǐ yù shēng huó de fù dān yuè lái yuè zhòng
【释义】比喻生活的负担越来越重。
lì shuō duì yú zhōng nián rén lái shuō shàng yǒu lǎo xià yǒu xiǎo
【例说】对于中年人来说，上有老下有小，
lǎo rén xū yào kàn bìng xiǎo hái xū yào jiào yù tóu zī shēng huó de dàn
老人需要看病，小孩需要教育投资，生活的担
zi zhēn shi xià yǔ tiān bēi mián xù yuè bēi yuè zhòng
子真是“下雨天背棉絮——越背越重”。

xiāo hé yuè xià zhuī hán xìn móu shì shí liáng cái
萧何月下追韩信——谋士识良才

shì yì bǐ yù yǒu zhì móu de rén zhī dào zhēn xī yǒu yòng de
【释义】比喻有智谋的人知道珍惜有用的

rén cái
人才。

lì shuō xiǎo lǐ shì gè hěn yǒu cái néng de yuán gōng wáng lǎo
【例说】小李是个很有才能的员工，王老
bǎn wèi le liú zhù xiǎo lǐ yòu gěi tā zhǎng le yì qiān duō yuán de gōng
板为了留住小李，又给他涨了一千多元的工
zī zhēn shì xiāo hé yuè xià zhuī hán xìn móu shì shí liáng cái a
资，真是“萧何月下追韩信——谋士识良才”啊！

典故

xiāo hé yuè xià zhuī hán xìn
萧何月下追韩信

qín cháo miè wáng hòu xiàng yǔ zì chēng wéi xī chǔ bà wáng zhǎng wò
秦朝灭亡后，项羽自称为西楚霸王，掌握
le cháo zhèng dà quán fēng liú bāng wéi hàn wáng fēng dì zài piān yuǎn de bā
了朝政大权，封刘邦为汉王，封地在偏远的巴
shǔ hàn zhōng yí dài
蜀、汉中一带。

dào le fēng dì liú bāng bài xiāo
到了封地，刘邦拜萧
hé wéi chéng xiàng cáo cān děng rén wéi
何为丞相，曹参等人为
jiāng jūn dāng shí liú bāng shǒu
将军。当时刘邦手
xià de bīng shì men què dōu
下的兵士们却都
xiǎng huí lǎo jiā jī hū
想回老家，几乎
tiān tiān yǒu rén kāi xiǎo
天天有人开小

chāi táo zǒu zhè shí zài hàn wáng shǒu xià dāng kān guǎn liáng shi de xiǎo
差逃走。这时，在汉王手下当看管粮食的小
guān hán xìn zhī dào hàn wáng bù kěn zhòng yòng tā chèn zhe jiàng shì fēn fēn
官韩信，知道汉王不肯重用他，趁着将士纷纷
kāi xiǎo chāi de shí hou yě zhǎo gè jī huì liū zǒu le
开小差的时候，也找个机会溜走了。

chéng xiàng xiāo hé dé dào hán xìn táo zǒu de xiāo xi jí de zhí
丞相萧何得到韩信逃走的消息，急得直
duò jiǎo lì jí qīn zì qí shàng kuài mǎ pī xīng dài yuè lián yè qù
跺脚。立即亲自骑上快马，披星戴月连夜去
zhuī gǎn hán xìn zhōng yú bǎ tā zhuī le huí lái
追赶韩信，终于把他追了回来。

hòu lái xiāo hé yòu xiàng liú bāng tuī jiàn hán xìn chēng tā shì hàn
后来，萧何又向刘邦推荐韩信，称他是汉
wáng zhēng duó tiān xià bù néng quē shǎo de dà jiàng zhī cái yīng zhòng yòng hán
王争夺天下不能缺少的大将之材，应重用韩
xìn guǒ rán liú bāng wén yī xiāo hé wǔ kào hán xìn jǔ bīng dōng
信。果然，刘邦文依萧何，武靠韩信，举兵东
xiàng zhēng duó le tiān xià
向，争夺了天下。

xiǎo hái zi shàng lóu tī bù bù dōu shì kǎn
小孩子上楼梯——步步都是坎

shì yì xíng róng měi yí jiàn shì zuò de dōu bú shùn lì
【释义】形容每一件事做得都不顺利。

lì shuō zuì jìn tā tè bié dǎo méi tā suǒ zuò de měi yí
【例说】最近他特别倒霉，他所做的每一
jiàn shì jié guǒ dōu shì xiǎo hái zi shàng lóu tī bù bù dōu
件事，结果都是“小孩子上楼梯——步步都
shì kǎn
是坎”。

xiāng lú qián dǎ pēn tì pū yì bí zi huī

香炉前打喷嚏——扑一鼻子灰

shì yì bǐ yù bàn shì bú shùn lì yù dào le cuò zhé

【释义】比喻办事不顺利，遇到了挫折。

lì shuō tā zhè cì qù xiàng jiě jie jiè qián bú dàn méi yǒu

【例说】他这次去向姐姐借钱，不但没有

jiè dào yì fēn qián hái bèi jiě jie shǔ luo le yì fān jié guǒ shì xiāng

借到一分钱，还被姐姐数落了一番，结果是“香

lú qián dǎ pēn tì pū yì bí zi huī

炉前打喷嚏——扑一鼻子灰”。

xiù cai yù zhe bīng yǒu lǐ shuō bù qīng

秀才遇着兵——有理说不清

shì yì wén rén yù jian wǔ jiàng yǒu dào lǐ yě shuō bù qīng

【释义】文人遇见武将，有道理也说不清

chu bǐ yù yǒu jiào yǎng de rén yù jian bù jiǎng lǐ de rén shuō shén me

楚，比喻有教养的人遇见不讲理的人，说什么

yě méi yǒu yòng

也没有用。

lì shuō lǐ dà ye yù jian le hú jiǎo mán chán de lǐ dà niáng

【例说】李大爷遇见了胡搅蛮缠的李大娘，

zhēn shi xiù cái yù zhe bīng yǒu lǐ shuō bù qīng

真是“秀才遇着兵——有理说不清”。

xiù cai bù chū mén biàn zhī tiān xià shì

秀才不出门——便知天下事

shì yì bǐ yù yí gè rén kàn guo de shū hěn duō zhī shi hěn fēng fù

【释义】比喻一个人看过的书很多，知识很丰富。

lì shuō xiǎo lǐ de xué shí hěn fēng fù shén me dōu zhī dào

【例说】小李的学识很丰富，什么都知道，

rén men shuō tā shì xiù cai bù chū mén biàn zhī tiān xià shì
人们说他是“秀才不出门——便知天下事”。

xīn zhāi de bǎn lì qiú cì duō
新摘的板栗球——刺多

shì yì bǐ yù yí gè rén de máo bìng duō yě kě bǐ yù yí gè rén xǐ huan tiāo bié ren de máo bìng
【释义】比喻一个人的毛病多，也可比喻一个人喜欢挑别人的毛病。

lì shuō tā zhè ge rén shì xīn zhāi de bǎn lì qiú cì duō xiǎng yǔ tā xiāng chǔ hǎo zhēn shi hěn kùn nan
【例说】他这个人是“新摘的板栗球——刺多”，想与他相处好真是很困难。

xīn zì tóu shang yì bǎ dāo rěn le ba
心字头上一把刀——忍了吧

shì yì bǐ yù yù dào lìng rén fèn nù de shì qing yě xū yào rěn nài
【释义】比喻遇到令人愤怒的事情也需要忍耐。

lì shuō duì yú zhè shì nǐ hái shi xīn zì tóu shang yì bǎ dāo rěn le ba tuì yí bù hǎi kuò tiān kōng a
【例说】对于这事你还是“心字头上一把刀——忍了吧”，退一步海阔天空啊！

xiōngzhōng guà suàn pán xīn zhōng yǒu shù
胸中挂算盘——心中有数

shì yì bǐ yù duì qíngkuàng hé wèn tí yǒu jī běn de liǎo jiě chǔ lǐ shì qing yǒu yí dìng de bǎ wò
【释义】比喻对情况和问题有基本的了解，处理事情有一定的把握。

lì shuō suī rán chéng jì hái méi gōng bù xiǎo lín duì zhè cì
【例说】虽然成绩还没公布，小琳对这次
kǎo shì de qíng kuàng yǐ shì xiōng zhōng guà suàn pán xīn zhōng yǒu shù le
考试的情况已是“胸中挂算盘——心中有数”了。

典故

liú bó wēn jiàn suàn pán chéng
刘伯温建算盘城

xiāng chuán míng tài zǔ zhū yuán zhāng céng pài jūn shī liú bó wēn zài xiàn
相传明太祖朱元璋曾派军师刘伯温在现
zài de tiān jīn yí dài zhù chéng
在的天津一带筑城。

dāng shí liú bó wēn dài lǐng yì
当时刘伯温带领一
pī rén zài tiān jīn shí dì kān chá duō
批人在天津实地勘查多
rì duì dì lǐ wèi zhì shí fēn
日，对地理位置十分
mǎn yì dàn shì yào jiàn chéng
满意。但是要建城
tā jì méi yǒu qián yòu bù zhī
他既没有钱，又不知
dào bǎ chéng jiàn chéng shén me yàng zi
道把城建成什么样子。
yì tiān yè lǐ liú bó wēn tū rán kàn
一天夜里，刘伯温突然看
jian qián miàn bù yuǎn chù yǒu yì zūn liǎng sān zhàng gāo
见前面不远处有一尊两三丈高
de jù rén zhè jù rén jīn kuī jīn jiǎ yuán lái
的巨人，这巨人金盔金甲，原来

是一尊金甲神。只见金甲神左手托金鼓，右手擎算盘，坐在那里坦然自若，不发一语。

刘伯温看罢，经过冥思苦想，终于明白：“金鼓”的意思是说，城建好之后，要建一座鼓楼；“算盘”的意思是说，要把城建成长方形，像一个算盘。

后来，刘伯温派人在金甲神打坐的地方挖到了金砖，以此建成了天津城。

哑巴吃黄连——有苦说不出

【释义】比喻一个人有苦难言。

【例说】最近小王做生意赔了本钱，妻子又不理解他，现在的他真是“哑巴吃黄连——有苦说不出”。

yán rè tiān dǎ lěng zhàn bù hán ér lì
炎热天打冷战——不寒而栗

shì yì bù jué de lěng què fā dǒu xíng róng nèi xīn fēi cháng kǒng jù
【释义】不觉得冷却发抖，形容内心非常恐惧。

lì shuō tí qǐ jǐ nián qián yǔ péng you yí kuài er chūn yóu jīng lì de wēi xiǎn xiàn zài xiǎng lai wǒ hái shi yán rè tiān dǎ lěng zhàn bù hán ér lì
【例说】提起几年前与朋友一块儿春游经历的危险，现在想来我还是“炎热天打冷战——不寒而栗”。

yáng jiā jiàng shàng zhèn quán jiā shàng mǎ
杨家将上阵——全家上马

shì yì bǐ yù yù dào wèn tí quán jiā rén huò zhěng gè tuán duì yì qǐ nǔ lì jiě jué
【释义】比喻遇到问题，全家人或整个团队一起努力解决。

lì shuō lǎo tài yé shēng bìng le zhè yí dà jiā rén yáng jiā jiàng shàng zhèn quán jiā shàng mǎ bǎ lǎo tài yé zhào gù de wú wēi bú zhì
【例说】老太爷生病了，这一大家人“杨家将上阵——全家上马”，把老太爷照顾得无微不至。

yè gōng hào lóng kǒu shì xīn fēi
叶公好龙——口是心非

shì yì biǎo miàn shang ài hào mǒu gè shì wù shí jì shang bìng bú shì zhēn de ài hào bǐ yù kǒu li suǒ shuō de yǔ xīn li suǒ xiǎng
【释义】表面上爱好某个事物，实际上并不是真的爱好，比喻口里所说的与心里所想

de bù yí zhì
的不一致。

lì shuō xiǎo jūn bìng bù xǐ huan xiǎo lì de xìng gé dàn tā
【例说】小军并不喜欢小丽的性格，但他
què duì bié ren shuō tā yǔ xiǎo lì qíng tóu yì hé zhēn shi yè gōng hào
却对别人说他与小丽情投意合，真是“叶公好
lóng kǒu shì xīn fēi
龙——口是心非”。

yè gōng hào lóng
叶公好龙

gǔ shí hou yǒu yí gè yè gōng jiào zǐ gāo fēi cháng xǐ huan lóng
古时候，有一个叶公叫子高，非常喜欢龙，
jiā li fán shì kě yǐ diāo huā de dì fang tā dōu
家里凡是可以雕花的地方，他都
kè shang le lóng de xíng xiàng
刻上了龙的形象。

tiān shàng de zhēn lóng
天上的真龙
zhī dào rén jiān yǒu yí
知道人间有一
gè rén zhè me xǐ huan zì
个人这么喜欢自
jǐ biàn jué dìng lái bài
己，便决定来拜
fǎng yè gōng
访叶公。

zài yí gè fēng yǔ dà zuò de yè wǎn
在一个风雨大作的夜晚，

lóng cóng tiān shàng xià lai lái dào yè gōng de jiā li tā bǎ tóu cóng chuāng
龙从天上下来，来到叶公的家里，它把头从窗
kǒu shēn jin qu wěi ba tuō zài tīng táng shang
口伸进去，尾巴拖在厅堂上。

yè gōng kàn jian lóng zhēn de lái le xià de hún fēi pò sàn diào
叶公看见龙真的来了，吓得魂飞魄散，掉
tóu jiù wǎng wài pǎo
头就往外跑。

yì tóu zāi dào huáng hé li sǐ yě xǐ bù qīng
一头栽到黄河里——死也洗不清

shì yì bǐ yù bèi rén wù huì què zěn me yě jiě shì bù
【释义】比喻被人误会，却怎么也解释不
qīng chu hěn shòu yuān qū
清楚，很受冤屈。

lì shuō nà jiàn shì qing míng míng bú shì tā zuò de tā zěn
【例说】那件事情明明不是他做的，他怎
me jiě shì bié ren dōu bù xiāng xìn zhēn shi yì tóu zāi dào huáng hé li
么解释别人都不相信，真是“一头栽到黄河里
sǐ yě xǐ bù qīng
——死也洗不清”。

yí kuài shī chái zài diǎn huǒ yě shāo bù qǐ lái
一块湿柴——再点火也烧不起来

shì yì bǐ yù yīn wèi yí gè xiǎo wèn tí wú fǎ jiě jué
【释义】比喻因为一个小问题无法解决，
dǎo zhì zhěng gè shì qing shī bài
导致整个事情失败。

lì shuō jǐ cì kǎo shì tā de chéng jì dōu nà me chà xiàn
【例说】几次考试他的成绩都那么差，现
zài de tā jiǎn zhí shì yí kuài shī chái zài diǎn huǒ yě shāo bù qǐ
在的他简直是“一块湿柴——再点火也烧不起

lái méi yǒu rén néng ràng tā chóng xīn jiàn lì xìn xīn
来”，没有人能让他重新建立信心。

yì zhāo bú shèn quán pán jiē shū
一着不慎——全盘皆输

shì yì bǐ yù mǒu yí gè duì quán jú jù yǒu jué dìng yì yì de wèn tí chǔ lǐ bú dàng jié guǒ dǎo zhì zhěng gè shì qing de shī bài
【释义】比喻某一个对全局具有决定意义的问题处理不当，结果导致整个事情的失败。

lì shuō zuò shì yè yào wěn zhā wěn dǎ rèn zhēn zǒu hǎo měi yí bù fǒu zé de huà jiù huì yì zhāo bú shèn quán pán jiē shū
【例说】做事业要稳扎稳打，认真走好每一步，否则的话就会“一着不慎——全盘皆输”。

yì tǒng kāi shuǐ tàng zài gǒu shēn shang biàn tǐ lín lín shāng
一桶开水烫在狗身上——遍体淋（鳞）伤

shì yì quán shēn dōu shòu dào le shāng hài xíng róng shòu shāng hěn zhòng
【释义】全身都受到了伤害，形容受伤很重。

lì shuō zhè cì chē huò zhōng tā bìng méi yǒu táo guò zāi nàn jié guǒ shì yì tǒng kāi shuǐ tàng zài gǒu shēn shang biàn tǐ lín lín shāng
【例说】这次车祸中他并没有逃过灾难，结果是“一桶开水烫在狗身上——遍体淋（鳞）伤”。

yì quán dǎ zài mián xù shang méi yì diǎn fǎn yìng
一拳打在棉絮上——没一点反应

shì yì xíng róng duì yí jiàn shì qing wú dòng yú zhōng
【释义】形容对一件事情无动于衷。

【例说】小莉对于妈妈的批评和建议总是“一拳打在棉絮上——没一点反应”。

衣食不愁想当官，得了皇帝想神仙——贪得无厌

【释义】形容一个人非常贪婪，永远不知道满足。

【例说】常言说知足常乐，作为一个人你不能“衣食不愁想当官，得了皇帝想神仙——贪得无厌”。

依样画葫芦——照抄照搬

【释义】照着真葫芦去画葫芦，比喻单纯地模仿原样，没有改变，也毫无创新。

【例说】做设计工作最重要的是要不断创新，“依样画葫芦——照抄照搬”是不行的。

典故

yī yàng huà hú lu
依样画葫芦

běi sòng shí yǒu gè hàn lín xué shì jiào táo gǔ tā xué wen yuān
北宋时，有个翰林学士叫陶谷，他学问渊
bó hěn huì xiě wén zhāng
博，很会写文章。

sòng tài zǔ zhào kuāng yìn duì wén chén bú tài zhòng shì táo gǔ gǎn
宋太祖赵匡胤对文臣不太重视，陶谷感
jué zì jǐ wèi dé dào zhòng yòng yú shì qǐng rén zài sòng tài zǔ miàn qián
觉自己未得到重用，于是请人在宋太祖面前
kuā zàn zì jǐ méi liào dào de shì sòng tài zǔ tīng hòu shuō wǒ
夸赞自己。没料到的是，宋太祖听后，说：“我
xiǎo de hàn lín xiě wén zhāng zhào gào dōu
晓得，翰林写文章、诏告，都
shì ná qián rén de jiù běn gǎi huàn yì xiē
是拿前人的旧本，改换一些
cí jù zhǐ bú guò shì yī
词句，只不过是依
zhào hú lu de yàng zi huà
照葫芦的样子画
hú lu bà le yǒu shén
葫芦罢了，有什
me fèi lì de
么费力的？”

táo gǔ tīng dào zhè
陶谷听到这
xiē huà xīn li hěn bú shì zī wèi
些话，心里很不是滋味，

biàn zài qiáng shang tí shī liáo yǐ zì cháo shī zhōng shuō guān zhí xū yóu
便在墙上题诗聊以自嘲。诗中说："官职须由
shēng chù yǒu cái néng bù guǎn yòng shí wú kān xiào hàn lín táo xué shì
生处有，才能不管用时无。堪笑翰林陶学士，
nián nián yī yàng huà hú lu
年年依样画葫芦。"

yī shēng bǎi shǒu méi zhì le
医生摆手——没治了

shì yì bǐ yù shì qing yǐ jīng dào le méi yǒu bàn fǎ wǎn jiù
【释义】比喻事情已经到了没有办法挽救
de chéng dù
的程度。

lì shuō xiàn zài yǐ jīng dào le yī shēng bǎi shǒu méi
【例说】现在已经到了"医生摆手——没
zhì le de shí hou zài xiǎng nà me duō zhǔ yi hái yǒu shén me yòng
治了"的时候，再想那么多主意还有什么用？

yīng xióng yù hǎo hàn yǒu le duì shǒu
英雄遇好汉——有了对手

shì yì bǐ yù yù dào le běn lǐng néng lì shuǐ píng hé zì
【释义】比喻遇到了本领、能力、水平和自
jǐ bù xiāngshàng xià de rén
己不相上下的人。

lì shuō zhè cì wéi qí bǐ sài xiǎo míng hé duì fāng yǐ jīng
【例说】这次围棋比赛，小明和对方已经
kǔ zhàn jìn liǎng gè xiǎo shí duì yú shuāngfāng lái shuō dōu shì yīng xióng yù
苦战近两个小时，对于双方来说都是"英雄遇
hǎo hàn yǒu le duì shǒu
好汉——有了对手"。

俞伯牙摔琴——不谈（弹）了

【释义】比喻遇到伤心、愤怒的事情，或听到了别人说的令自己不愉快的话，就不和对方继续说话了。

【例说】小王和小李还没聊几句，双方都感觉共同语言很少，很快就“俞伯牙摔琴——不谈了”。

典故

俞伯牙摔琴

俞伯牙生于春秋时代，非常善于弹琴。

有一年中秋之夜，俞伯牙乘船外出，偶遇风雨，船只停泊于山崖之下。伯牙开始弹琴。一曲还没弹完，琴弦突然断了一根。这时俞伯牙发现有个樵夫，因打柴晚归，避而潜身听琴，这个樵夫就是钟子期。

俞伯牙令钟子期上船相见，并问其乐理，他对答如流。从此，俞伯牙与钟子期结为兄弟。临别时，两人相约第二年八月十六日，再次此地相逢。

没想到，钟子期不幸身亡，俞伯牙感慨万分，取出随身携带的小刀，割断琴弦，双手举琴，向祭台上用力把琴摔碎了，并痛哭着说：“子期不在，琴对谁弹？”

灶王爷的横批——一家之主

【释义】指一个家庭的当家人。

lì shuō bà ba shì zào wáng yé de héng pī yì jiā
【例说】爸爸是“灶王爷的横批——一家
zhī zhǔ zài wǒ men jiā rèn hé shì qing dōu yóu tā jué dìng
之主”，在我们家任何事情都由他决定。

zì xíng chē pá pō tuī yí bù zǒu yí bù
自行车爬坡——推一步走一步

shì yì bǐ yù lǎn sǎn bú shàng jìn zuò shì shí méi yǒu rén
【释义】比喻懒散不上进，做事时没有人
dū cù jiù tíng xia lai
督促就停下来。

lì shuō xiǎo míng xué xí yì diǎn er yě bú zì jué píng shí
【例说】小明学习一点儿也不自觉，平时
zǒng shì zì xíng chē pá pō tuī yí bù zǒu yí bù nán guài
总是“自行车爬坡——推一步走一步”，难怪
tā de chéng jì hěn nán tí shang qu
他的成绩很难提上去。

zhāng fēi shǐ jì móu cū zhōng yǒu xì
张飞使计谋——粗中有细

shì yì shì zhǐ yí gè rén biǎo miàn kàn lai cū xīn dà yi
【释义】是指一个人表面看来粗心大意，
dàn zài chǔ lǐ shì qing shí gāi xì zhì de shí hou hái shi hěn xì zhì de
但在处理事情时该细致的时候还是很细致的。

lì shuō bié kàn xiǎo wáng píng shí dà dà liē liē de dàn rú
【例说】别看小王平时大大咧咧的，但如
guǒ zhēn shì bàn qǐ shì lai tā hái tǐng xì xīn de zhēn shì zhāng fēi shǐ
果真是办起事来他还挺细心的，真是“张飞使
jì móu cū zhōng yǒu xì
计谋——粗中有细”。

典故

zhāng fēi shǐ jì móu
张飞使计谋

zhāng fēi zài lǐng bīng jiù yuán liú bèi de lù shang shōu xiáng le bù shǎo chéng chí
张飞在领兵救援刘备的路上，收降了不少城池。

yǒu yì tiān dào le bā jùn qí tài shǒu lǎo jiàng yán yán bǎ shǒu chéng chí bù kěn tóu xiáng zhāng fēi chuán lìng chū bīng yì lián zhàn le sān tiān dōu méi néng pò chéng
有一天到了巴郡，其太守老将严颜把守城池，不肯投降。张飞传令出兵。一连战了三天，都没能破城。

tā zuǒ sī yòu xiǎng hòu tiāo xuǎn le sān wǔ shí gè lǎo ruò cán bīng dào chéng xià jiào mà le sān tiān chéngzhōng rén hái shi bù lǐ tā
他左思右想后，挑选了三五十个老弱残兵，到城下叫骂了三天，城中人还是不理他。

hòu lái tā yòu xiǎng chū yí gè jì cè jiù shì xià lìng ràng shì
后来他又想出一个计策，就是下令让士

bīng fēn tóu shàng shān kǎn chái dǎ cǎo xún zhǎo yuè guò bā jùn de xiǎo lù
兵分头上山砍柴打草，寻找越过巴郡的小路。

guò le jǐ tiān guǒ rán yǒu rén zhǎo dào le xiǎo lù zhāng fēi mǎ
过了几天，果然有人找到了小路，张飞马

shàng chuán lìng dāng rì sān gēng chū bīng yán yán dé zhī hòu pài bīng shè
上传令当日三更出兵。严颜得知后，派兵设

xià mái fú qīn zì lǐng bīng chū jī kě zhāng fēi zǎo yǐ liào dào yán yán
下埋伏，亲自领兵出击，可张飞早已料到严颜

huì lái xí jī jiù ān pái le quān tào yòng zhēn jiǎ zhāng fēi lái mí huò
会来袭击，就安排了圈套，用真假张飞来迷惑

tā zuì zhōng huó zhuō le yán yán
他。最终，活捉了严颜。

zhāng guǒ lǎo dào qí máo lǘ wǎng hòu kàn
张果老倒骑毛驴——往后看

shì yì shì zhǐ kàn shì qing yīng wǎng cháng yuǎn chù kàn
【释义】是指看事情应往长远处看。

lì shuō zhè cì nǐ fù chū le hěn duō suī rán xiàn zài hái
【例说】这次你付出了很多，虽然现在还

wèi dé dào hǎo chu dàn nǐ yīng gāi zhāng guǒ lǎo dào qí máo lǘ
未得到好处，但你应该“张果老倒骑毛驴——

wǎng hòu kàn
往后看”。

zhāng guǒ lǎo dào qí máo lǘ
张果老倒骑毛驴

yǒu yì tiān zhāng guǒ lǎo gǎn zhe xiǎo máo lǘ lái dào yí zuò pò
有一天，张果老赶着小毛驴来到一座破

miào qián tū rán wén dào yì gǔ
庙前，突然闻到一股
xiāng qì tā bǎ máo lǘ
香气，他把毛驴
shuān zài miào mén qián jìn
拴在庙门前，进
qu yí kàn yǒu yì guō dùn
去一看，有一锅炖
de pèn xiāng de féi ròu tāng
得喷香的肥肉汤。
zhè guō féi ròu tāng kě
这锅肥肉汤可
shì yǒu yì fān lái lì de
是有一番来历的。
zhè fù jìn de xué guǎn li yǒu gè jiāo shū xiān
这附近的学馆里有个教书先
sheng dǎi dào le yì zhī hé shǒu wū jīng tā pà zǒu lòu le fēng shēng
生逮到了一只何首乌精，他怕走露了风声，
jiù xiǎng zài miào li zhī qǐ guō zhǔ zhu dú zì chī le wán shì yīn
就想在庙里支起锅煮煮，独自吃了完事。因
yǒu shì xū tū rán lí kāi ròu tāng zhǔ hǎo le tā yě méi chī chéng jié
有事需突然离开，肉汤煮好了他也没吃成。结
guǒ zhāng guǒ lǎo hé tā de máo lǘ bǎ zhè guō ròu tāng hē diào le
果，张果老和他的毛驴把这锅肉汤喝掉了。
tū rán zhāng guǒ lǎo jiàn yǒu rén zǒu guo lai zì jǐ máng jiě kai
突然，张果老见有人走过来，自己忙解开
lǘ shéng yì tái pì gu dào zuò zài lǘ bèi shang jiē zhe yí gè xiǎng biān
驴绳，一抬屁股倒坐在驴背上，接着一个响鞭，
lǘ er fēi kuài de pǎo qi lai
驴儿飞快地跑起来。
máo lǘ pǎo zhe pǎo zhe xiān yào qǐ le zuò yòng nà máo lǘ er
毛驴跑着跑着，仙药起了作用，那毛驴儿
yīn hē le xiān tāng téng yún jià wù shì de fēi le qǐ lái
因喝了仙汤腾云驾雾似的飞了起来。

zhàng èr hé shang mō bù zháo tóu nǎo
丈二和尚——摸不着头脑

shì yì shì zhǐ zì jǐ duì mǒu jiàn shì qing gǎo bù qīng shì zěn me huí shì
【释义】是指自己对某件事情搞不清是怎么回事。

lì shuō xiǎo wáng shuō de huà ràng xiǎo lǐ gǎn jué yǒu diǎn zhàng èr hé shang mō bù zháo tóu nǎo
【例说】小王说的话让小李感觉有点“丈二和尚——摸不着头脑”。

zhōu yú dǎ huáng gài yí gè yuàn dǎ yí gè yuàn ái
周瑜打黄盖——一个愿打，一个愿挨

shì yì yí gè gān yuàn ái dǎ yí gè gān yuàn ái zhe bǐ yù liǎng gè rén zuò shì qing wú lùn hǎo huài dōu shì shuāng fāng zì yuàn de
【释义】一个甘愿挨打，一个甘愿挨着，比喻两个人做事情无论好坏都是双方自愿的。

lì shuō wáng dà mā jīn bu zhù shàng mén tuī xiāo yuán de yóu shuì mǎi le tā men de shāng pǐn jié guǒ shì shàng dàng shòu piàn zhēn shi zhōu yú dǎ huáng gài yí gè yuàn dǎ yí gè yuàn ái
【例说】王大妈禁不住上门推销员的游说，买了他们的商品，结果是上当受骗，真是“周瑜打黄盖——一个愿打，一个愿挨”。

典故

zhōu yú dǎ huáng gài
周瑜打黄盖

sān guó shí hou cáo cāo zài chì bì tún bǎi wàn dà jūn xiǎng yào
三国时候，曹操在赤壁屯百万大军，想要

yí zhàn jiān miè sūn quán hé liú bèi
一战歼灭孙权和刘备。

yì tiān wǎn shang zhōu yú zhèng zài kǔ nǎo shí shǒu xià dà jiàng huáng gài qiú jiàn dì èr tiān zhōu yú zhào jí zhòng jiàng shāng yì tuì dí zhī cè huáng gài zé dà chàng fǎn diào bù rú tóu xiáng suàn le zhōu yú dà nù wǒ fèng zhǔ gōng zhī mìng dū bīng pò cáo gǎn yǒu shuō tóu xiáng zhě yí lǜ zhǎn shǒu shì zhòng shuō wán zhōu yú jiù hè lìng zuǒ yòu jiāng huáng gài tuī chu qu zhǎn shǒu
一天晚上，周瑜正在苦恼时，手下大将黄盖求见。第二天，周瑜召集众将商议退敌之策，黄盖则大唱反调，“不如投降算了”。周瑜大怒：“我奉主公之命，督兵破曹，敢有说投降者，一律斩首示众。”说完，周瑜就喝令左右将黄盖推出去斩首。

hòu lái zài zhòng jiàng āi qiú zhī xià huáng gài bèi dǎ le wǔ shí dà bǎn zhèng shì huáng gài de kǔ ròu jì piàn guo le cáo cāo cái shǐ sūn liú lián jūn yǐ ruò shèng qiáng jī bài cáo cāo de bǎi wàn dà jūn
后来，在众将哀求之下，黄盖被打了五十大板。正是黄盖的苦肉计骗过了曹操，才使孙刘联军以弱胜强击败曹操的百万大军。

zhǐ hú de chuāng hu yì diǎn jiù pò
纸糊的窗户——一点就破

shì yì bǐ yù yì xiē fù zá de wèn tí jiù xiàng báo zhǐ yí
【释义】比喻一些复杂的问题就像薄纸一

yàng zhǐ yào zhǎo dào zhèng què de fāng fǎ jiù néng jiǎn dān de jiě jué
样，只要找到正确的方法就能简单地解决。

lì jù qí shí hěn duō kàn sì nán yǐ jiě jué de wèn tí dōu
【例句】其实很多看似难以解决的问题都
shì zhǐ hú de chuāng hu yì diǎn jiù pò
是“纸糊的窗户——一点就破”。

zhū bā jiè bài le zhèn dào dǎ yì pá
猪八戒败了阵——倒打一耙

shì yì bǐ yù zì jǐ zuò cuò le shì qing bù jǐn bù jiē
【释义】比喻自己做错了事情，不仅不接
shòu bié ren de zhǐ zé fǎn ér zhǐ zé duì fāng
受别人的指责，反而指责对方。

lì jù tā qí chē zhuàng le rén bú dàn méi xiàng rén jia dào
【例句】他骑车撞了人，不但没向人家道
qiàn hái zhǐ zé bié ren zǒu lù bú kàn dào zhēn shi zhū bā jiè bài
歉，还指责别人走路不看道，真是“猪八戒败
le zhèn dào dǎ yì pá
了阵——倒打一耙”。

zhuā le zhī ma diū le xī guā yīn xiǎo shī dà
抓了芝麻，丢了西瓜——因小失大

shì yì wèi le xiǎo de lì yì zào chéng le dà de sǔn shī
【释义】为了小的利益，造成了大的损失。

lì jù zuò shì qing yí dìng yào kàn qīng
【例句】做事情一定要看清
lì bì dé shī bú yào zhuā le zhī ma diū
利弊得失，不要“抓了芝麻，丢
le xī guā yīn xiǎo shī dà
了西瓜——因小失大”。

图书在版编目（CIP）数据

例说歇后语/李诚主编．—成都：巴蜀书社，
2012.5
（《少年早知道》）
ISBN 978－7－5531－0027－2

Ⅰ.①例…　Ⅱ.①李…　Ⅲ.①汉语－歇后语－青年读物
②汉语－歇后语－少年读物　Ⅳ.①H136.3－49

中国版本图书馆 CIP 数据核字（2012）第 093794 号

例说歇后语　　　李　诚　主编

责任校对	卢　芸
责任编辑	施　维　汪启明
设　　计	张　科
出　　版	四川出版集团巴蜀书社 成都市槐树街 2 号　邮编 610031 总编室电话：（028）86259397
网　　址	www.bsbook.com
发　　行	巴蜀书社 发行科电话：（028）86259422　86259423
经　　销	新华书店
印　　刷	四川省南方印务有限公司
版　　次	2012 年 5 月第 1 版
印　　次	2012 年 5 月第 1 次印刷
成品尺寸	230mm×170mm
印　　张	12
字　　数	180 千字
书　　号	ISBN 978－7－5531－0027－2
定　　价	25.00 元

本书如有印装质量问题，请与工厂调换